关系陷阱：如何与自恋的人相处

DISARMING THE
NARCISSIST:
SURVIVING
AND THRIVING
WITH THE
SELF-ABSORBED

（美）温迪·T.巴哈利　著
（Wendy T. Behary）

郭晓薇　译

化学工业出版社

·北京·

Disarming the Narcissist: Surviving and Thriving with the Self-Absorbed, 2nd edition/by Wendy T.Behary
ISBN 9781608827602
Copyright© 2013 by Wendy T.Behary.
This edition arranged with NEW HARBINGER PUBLICATIONS through BIG APPLE AGENCY, INC., LABUAN, MALAYSIA. Simplified Chinese edition copyright: 2020 Chemical Industry Press Co., Ltd. All rights reserved.
本书中文简体字版由New Harbinger Publications, Inc.授权化学工业出版社独家出版发行。
本版本仅限在中国内地（大陆）销售，不得销往中国香港、澳门和台湾地区。未经许可，不得以任何方式复制或抄袭本书的任何部分，违者必究。

北京市版权局著作权合同登记号：01-2020-2759

图书在版编目（CIP）数据

关系陷阱：如何与自恋的人相处／（美）温迪·T. 巴哈利（Wendy T. Behary）著；郭晓薇译. —北京：化学工业出版社，2020.10
书名原文：Disarming the Narcissist: Surviving and Thriving with the Self-Absorbed
ISBN 978-7-122-37475-2

Ⅰ.①关… Ⅱ.①温…②郭… Ⅲ.①人际关系学－通俗读物 Ⅳ.①C912.11-49

中国版本图书馆CIP数据核字（2020）第153524号

责任编辑：赵玉欣 王 越　　　　　内文插图：亓毛毛
责任校对：王 静　　　　　　　　　装帧设计：尹琳琳

出版发行：化学工业出版社
　　　　　（北京市东城区青年湖南街13号　邮政编码100011）
印　　装：三河市航远印刷有限公司
880mm×1230mm　1/32　印张6$\frac{1}{2}$　字数135千字
2020年10月北京第1版第1次印刷

购书咨询：010-64518888
售后服务：010-64518899
网　　址：http://www.cip.com.cn
凡购买本书，如有缺损质量问题，本社销售中心负责调换。

定　　价：59.80元　　　　　　　　版权所有　违者必究

谨以此书纪念我的父亲诺伯特·V. 特里——

一个真正的骑士，一个充满爱和慷慨的人。

序一

多年来，我发现在心理治疗中，来访者最常见的问题之一就是如何应对自恋伴侣那些自我中心、傲慢自大的行为。对于这些来访者的需要和感受，他们的伴侣几乎完全没有敏感性和同理心，因此他们常会感到沮丧、愤怒、屈辱和无助。我在治疗面谈中，听到来访者讲述一个个这样的故事时，经常为他们不得不忍受如此自私的行为而感到难以置信。面对这个自己多年前爱上的人，是离开，还是抗争，他们好像都力不从心。

温迪·巴哈利这本关于如何与自恋者打交道的书，让我感觉很振奋。这本书可以帮助无数像我那些来访者一样，每天要在生活或工作中与自恋者相处的人。市面上虽然也有其他一些关于自恋的自助书籍，但这本《关系陷阱：如何与自恋的人相处》体现出更胜一筹的深度、复杂性和人文关怀，为打破困局提供了十分有效的策略。温迪多年来专注地致力于对自恋者及其伴侣的治疗，对如何处理这一顽疾，她有发言权。

为帮助读者更好地理解和处理自恋问题，温迪吸收了图式疗法和人际神经生物学领域的科学研究成果和治疗实践经验。图式疗法是我和同事们在过去二十年中发展起来的一种治疗方法，它可以帮助治疗师、来访者和其他感兴趣的人更好地理解人的情绪主题，即"图式"❶。图式在我们幼年期就已形成，最终会导致大多数人陷入重复的、自我破坏的生活模式。在《重塑你的生活》（Reinventing Your Life）一书中，我首次向公众传播了这方面的理念。

《关系陷阱：如何与自恋的人相处》将图式治疗的概念延伸到自恋领域，提出了一些我在阅读之前从未想到过的新见解和新观点。温迪非常好地解释了缺陷图式和情感剥夺图式如何戏剧化地影响着我们的生活。她对图式治疗的这一独特贡献，引导着我们对身边的自恋者形成更深入的了解，并向我们展示如何征服自己身上的"魔鬼"，正是它妨碍了我们更有效地与自恋的伴侣、父母、朋友和同事打交道。

我很高兴地看到，温迪的见地远比许多其他书籍或治疗师提供的建议更高明。在改变自恋的问题上，不存在简单的答案或技巧。读者必须要深入研读，花些功夫，才能真正领悟书中内容的重要价值，因此而获

---

❶ 图式指个体把在遗传的基础上学得的各种经验、意识、概念等加以整合，所构成的一个与外在现实世界相对应的、抽象的、储存在记忆中的认知结构。是个体用以认识周围世界的基本模式。当接受到外界刺激情境时，个体就会使用该认知结构对环境加以核对、了解和认识。——译者注，引自上海辞书出版社《心理学辞典》。

得的回报也将是巨大的，与付出的努力相匹配。在本书中，温迪给出了宝贵的建议，并通过丰富的例子，生动地展示出要如何将这些方法落地于现实生活。您将了解自恋者的不同类型，知晓被自恋者娴熟使用的策略手段，而正是这些策略解除了您的武装，甚至说服您相信一切错在自己；您还将认识到与自恋者沟通或抗争时，"共情面质"的重要性，这种方法让我们在受委屈或被亏待时，仍能培养和维持对自恋者的同情心，并为他们的改变创设足够有利的条件。

如果您能投入必要的时间去理解温迪的见解，并积极练习书中的技巧，那么很快您可能就会尝到在与自恋者关系中占据上风的滋味，并收获一种新的自信。当自恋伴侣又在朋友或家人面前羞辱您，说类似"你因为太蠢所以看不出我很棒"的话时，您就知道该如何应对了。

最后，我想强调温迪在这本书中反复强调的一点，这一点也是图式疗法的核心所在：与其他任何人格问题一样，我们需要以一种同情和慈悲的方式看待自恋者。其实，无论他们如何对待我们，大多数自恋者在本质上并不是邪恶的。如果我们能学会在主张和维护自己权利的同时，努力去触动自恋者脆弱而孤独的内核，那么就更有可能帮助他们绽放关爱他人的那一面。

阅读《关系陷阱：如何与自恋的人相处》是走上这条带有悲悯色彩的改变之路的最合适的起点。正如温迪在本书结语中所言，"自助之旅既孤独又艰辛"，但是倘若你们的关系因此而发生戏剧化的改变，那么一切努力都获得了超值的回报。

我将这本优秀的读物，推荐给所有与自恋者一起生活，一同工作，或不得不与他们打交道的人，包括他们的伴侣、同事、家人和心理治疗师。

杰弗里·扬（Jeffrey Young）

纽约认知治疗中心图式治疗研究所所长

哥伦比亚大学精神病学系教授

国际图式治疗学会创始人

序二

如果您身边有一位自恋的人,那么我建议您不要犹豫,开始阅读本书。在《关系陷阱:如何与自恋的人相处》中,温迪·巴哈利提供了一套实用的工具包,让我们知晓如何处理这种情感上的挑战,即与那些不与人建立关联的自恋者建立关联。

这本"生存指南"中的实用建议源于两个科学分支:一是有关思维如何围绕图式被组织起来的认知科学视角,另一个就是我所在的人际神经生物学领域。图式是一种无处不在的过滤器,它使我们的感知发生扭曲,并会改变我们的思维。二十年来,作者一直致力于图式治疗及以自恋为主诉的心理治疗,她将科学背景与自己的临床经验结合起来,通过深入浅出的解释,引导我们认识自恋者的思维是如何运转的。我们将看到自恋者的图式如何左右着他们对世界的观察和理解,相应的视角又是如何使其丧失对他人内心世界的兴趣的。

人际神经生物学研究的是人际关系、心理和大脑之间的联系。自恋者相处专家温迪·巴哈利多年来一直与我一起深入研究这一学科，她巧妙地将之应用于自己的专长领域，即对那些不懂共情的个体的治疗。大脑中有些神经回路使我们能够想象他人的内心体验，但在自恋者的大脑中，这些回路可能发育得不完善，或者不容易被激活。第七感（Mindsight）是指我们理解心理世界的能力，包括理解自己和他人的内心世界。在自恋者身上，这一能力也没有得到很好的发展。因此，与他们相处会让人感到失衡，无论说什么、做什么都要围绕着他，你和你们形成的共同体"我们"都不会得到关注。

如果在一段关系中缺少共情，我们大脑的社交回路就会受到影响，因此无法在互动中体验到平衡和幸福，感觉孤独和疏离，进而导致思维枯涩，精力枯竭。人格倾向会影响我们对这种感觉的具体反应，有的人会愤怒、感觉受挫；有的人情绪低落、退缩不前；还有的人感到羞愧，好像自己做错了什么，活该被无视。与自恋者的互动可能引发一连串神经反应，让我们远离幸福感，远离与幸福感关联密切的共情、关爱、心理和谐。在这种情况下，哪怕无法改变别人，我们也要致力于减轻自己的压力。本书提供了有效的方法，帮您加深认识、提升洞察力，从而了解自己面临的状况和反应，保全自己在心理、大脑、人际关系上的健康。

幸运的是，本书的建议不仅能引导您经受住与自恋者相处的挑战，更可以帮助您优化彼此的关系，至少，它有助于理解心理与大脑在人际关系中的作用机制，仅凭这一点就大有助益。不仅如此，温迪的建议还会带来改变的希望。带着这些有科学基础的实用理念，您很可能会为自己和身边的自恋者开启一扇新生活之门。花时间潜心研读本书并践行书中的方法，一定会让你收获满满。如果与自恋者建立情感联结注定是一场挑战，何不现在就迎接挑战呢？翻开这一页，开始学习如何更好地生活吧！

丹尼尔·J.西格尔（Daniel J. Siegel）

加州大学洛杉矶分校医学院临床精神病学教授

《第七感》《人际关系与大脑的奥秘》《抱持正念的大脑》作者

《全脑教养法》《全脑儿童与从内到外的养育》合著者

目录

这本书能提供什么帮助　　－001

第一章　他是自恋者吗？　　－013

初见时，他可能散发着势不可挡的魅力，我们因此被吸引，并渐渐陷入忧伤、痛苦、厌烦、憎恶和自我怀疑之中。辨识出身边的自恋者，是我们保护自己、重获生活主动权的第一步。

什么样的人是自恋者　　- 016

纯真天使为何会变成吹牛大王？　　- 017

被惯坏　　- 017

过度依赖　　- 018

孤独和被剥夺　　- 018

各种因素的综合作用　　- 019

自恋的人在想什么？　　- 023

我对你的感受没兴趣　　- 023

我不需要任何人　　- 024

我可以安慰自己　　- 026

用我的智慧来救赎你　　- 027

自恋的"她"有何不同？　　- 029

请欣赏我的表演　　- 030

让我开心是你的使命　　- 031

我要作时代偶像　　- 032

自恋不一定是坏事　　- 033

儿童的健康自恋　　- 033

成人的健康自恋　　- 035

第二章　挖掘自恋的源头　　- 039

幼小的人儿为了安抚自己，装备上一套隐形的心理铠甲，战衣陪伴主人长大，让他稳坐于幻想中的宝座，屏蔽与己无关的信息，并反击任何试图动摇自我中心地位的"敌人"的进犯。

容易吸引自恋者的八种典型信念　　- 048

自恋者持有的八种典型信念　　- 050

自恋者的信念是如何发展出来的　　- 051

这些信念如何影响行为　　- 052

自恋者可以改变吗　　- 056

第三章　为何陷入自恋者圈套的总是你？　　－065

童年经历悄悄录制了关于"人生真相"和"处世准则"的磁带，自恋者精准按下播放键，让我们不知不觉地走入与之契合的轨道。

这些特质让自恋者吃定你　　- 067

乖乖配合，才能保护自己　　- 067

做到完美，换取认可和关注　　- 068

没有需求，就不会成为负担　　- 068

你如何与自恋者结成"共谋"　　- 069

为了改变，你可以做什么　　- 078

第四章　冲破禁锢，从改变沟通方式开始　　－083

外界的信号惊动了头脑中的哨兵，勾起痛苦悲惨的记忆，内部警报被拉响，过去的伤害好像在当下重现。快停下，别滑入认命屈从的深渊！

提醒自己"此一时，彼一时"　　- 085

识破诱你上钩的骗局　　- 091

五类惯用诱饵　　- 091

五种情感操纵　　- 092

夺回沟通的主动权　　- 095

第五章　立足当下，开启全新互动模式　　- 101

打个响指，我们已经长大了！别害怕，细细体会与自恋者互动时的体验，找找到底是什么让我们跌入迷阵、心神不宁，并努力慢慢地回归淡定和清明。

揪出助纣为虐的旧习惯　　- 102

培养积极灵活的新习惯　　- 104

找回开放而淡定的心态　　- 107

回击自恋者的挑衅和伤害　　- 111

　　应对自恋者的炫耀　　- 111

　　回击自恋者的霸凌　　- 113

　　拒绝让自恋者使用特权　　- 114

　　直面自恋者的成瘾行为　　- 115

第六章　走为上计，逃离危险的自恋者　　- 119

并非所有的关系都值得修复，先评估一下"战况"，认真制定自我保护计划，准备安全逃离的路径，必要时无须恋战，勇敢开启新生活。

识别危险的信号　　- 120

　　现实生活中的威胁　　- 120

　　从逃避否认到恼羞成怒　　- 122

是改造，还是离开?　　- 123

　　评估重建信任和亲密的可能性　　- 123

　　在专业帮助下寻求改造的机会　　- 124

　　规划出逃攻略　　- 127

第七章　共情面质，在互动中占据主动　　- 131

理解自恋者的情感、认知和体验并不意味着认同、容许和支持，我们不必为了满足他的要求而放弃自己的心愿，而可以巧妙地引导他们设置边界、建立规则、承担责任。

从读懂自恋者的内心小孩开始　　- 132

　　理解，但不纵容　　- 132

　　会意，但不屈从　　- 134

　　洞察，但不退缩　　- 137

尝试与他内心的顽童展开对话　　- 143

一步步引导他承担责任　　- 145

　　区分错误和责任　　- 146

　　设置边界　　- 148

　　建立互惠规则　　- 150

对进步给予积极反馈　－152

整合最佳工具：慈悲和面对真相　－154

创造助力改变的杠杆　－157

善意假设原则　－157

以小见大法　－158

暂停与冷静　－158

在必要时寻求外援　－161

第八章　应对困难关系的七个技巧　－165

沟通方式由先天秉性和后天习得的技能共同塑造，掌握要领后，即使面对胡搅蛮缠、强词夺理的"对手"，我们也能优雅、体贴、有风度地表达自己、达成共识。

相互尊重　－170

自我表露　－171

明辨今昔　－172

同舟共济　－174

预见冲突　－176

承担责任　－178

真诚聆听　－180

参考文献　－185

致谢　－187

这本书能提供什么帮助

既然你在阅读这本书，我猜你身边就有这么一位自恋者，他过度的自我中心及傲慢的特权感一次次地伤害你，破坏你们的关系。如果是这样，这本书可以帮助你。本书中充满了实用的信息、有效的策略，及富有启发性的练习。在详解自恋者的特点及如何改善关系之前，让我们先快速了解一下自恋这个话题日益高涨的社会关注度，以及共情在处理因自恋而引发的困扰中所发挥的重要作用。

自恋时代

近年来，媒体对一些影视名人、体育明星和政客要人的报道，使他们自私自利的生活方式、"规则不适用于我"的特权意识闯入了公众的视野。在此过程中，"自恋""性瘾""缺乏同理心"等字眼赫然出现在文章或报道的标题中。

曾几何时，这些词汇只出现于心理学教科书、治疗手册，或者心理健康领域的专业讨论中，现如今它们已经遍布于社交媒体网站、博客，以及全世界家庭的日常对话。随着"自恋"一词逐渐广为人知，越来越多的人发现原来身边那位经常令人不快的伴侣、恋人、朋友、老板或家庭成员与这个词的含义如此契合，这一发现让人感觉恍然大悟，着实松了口气。

在《关系陷阱：如何与自恋的人相处》于2008年首次出版时，对于普通读者来说，聚焦"自恋"主题的出版物寥寥无几。这本书描绘了自恋者的概念化画像，并提供了一些如何与其打交道的策略。曾有自恋者的伴侣或亲友表达过对他们的深切关心，表示哪怕备受挑战，仍期望对自恋者多一些了解，期望能影响其作出改变，期望若有可能，自己的需要也能得以满足。本书的诞生，主要就是为了回应这些诉求。

随着自恋在大众传媒中的升温，近年涌现出许多相关书籍。尽管如此，《关系陷阱：如何与自恋的人相处》仍为解决这一挑战性议题提供了独到的方案，其中既包括对自恋的整合性解释，也为自恋者的亲友装备了一套可信的导航工具。与此同时，我们深知自恋人格类型的复杂性，对其难以改变的现实有着清醒的判断。

共情的智慧

有些同行、来访者和读者对本书的建议感到愤慨，他们觉得很难把自己的心融入与自恋者的互动中。有人认为，这种傲慢狂妄不可能被改变，书里倡导的与其相处的方法太过柔软。对这种感受，我非常理解。

毕竟，即便我们用尽本书罗列的所有共情面质和设定界限的工具，以深思熟虑、自我表露的方式与自恋者坦诚沟通，最终仍可能发现自己在互动中被亏待、被彻底挫败。

然而，应对这一困境，潜在的解决方案是存在的。我们若想获得持续的动力，来以本书倡导的方法与自恋者打交道，就必须明确一点：我们所做的这一切是为了什么，可否帮我们达成某个有意义的结果。在第七章谈到共情面质时，我们会讨论这一点。而这又将我们带到另一个存在广泛误解的概念——共情。究竟什么是共情？如何将它应用于与自恋者的互动中？在随后的正文中我会简略介绍，在第七章里再详细讨论。

有时候，破碎的心和摇摇欲坠的希望，让我们没有过多心力去尝试不同的方法。毕竟，我们还要面对这样的现实：要想获得成功的结果，只凭完美的演说和精心设计的说辞是远远不够的，还需要改变的杠杆和恒久的坚持；此外，我们还必须敏锐地洞察和理解所面临的挑战，接受客观的局限并对预期做相应的调整，并做好巩固成果的准备。对于治疗师来说，需要的是奥运赛场上运动员般的高度专注，加上强健的情感韧性、持久的充沛精力，以及展现脆弱的能力——展示真实的自己，而不仅是美好、聪明的一面。

大多数关于自恋的书都在敦促你"快跑"，逃离这个心里只有自己的、虚荣的"吸血鬼"。可是，问题没那么简单。我曾在"支持小组"工作中遇到一群认真考虑过这一选项的女性，她们发现如果自恋者是婚姻伴侣，是自己几十年来委身于他的人，尤其当他是年幼孩子的父亲时，"离开"的决定没有那么容易做，因为你可能还没准备好把他变为周末跟你轮流带娃的前任；如果这位自恋者恰好是你的上司或女儿，也很难办，因为你未必已经打算好要离职，或打算好一辈子见不到外孙。

另外，自恋者可能是我们所爱、所理解的人。当他脆弱和人性化的一面偶尔从自我禁锢的藩篱中溜出来，表现出温暖和关怀时，哪怕只有片刻，我们的心可能还是会被打动。可悲的是，他一定会再变回那副厌烦冷漠的样子，故态复萌只是迟早的事。真实的他会突然出现，也会瞬间溜走。在他溜走之际，我们可能会怀疑：他有没有把我当回事？哪种表现是真实的他？他知道我是谁，需要什么吗？他知道我的内心感受吗？让我们再回到"共情"这个常被误解误用的术语，这个在自恋背景下尤其让人困扰的术语。关于共情的疑问有很多，以下几个尤为常见：

- "共情"是不是"同情"的另一个说法？
- 如何才能对自恋者产生共情？
- 自恋者真的能体验到别人的感受吗？

一些卓越的思考者和传播者，包括记者、心理学家、研究者、政治分析家、人类学家，甚至是文字工作者，正在从多个角度研究共情，这些角度既包括对镜像神经元的研究，也包括对道德意识的思考。例如，假如没有共情或理解，人们如何预测未来？如何在与他人的比较中看待自己？如何理解这个世界？

为了回应读者及来访者对共情的困惑，新版《关系陷阱：如何与自恋的人相处》增补了一些关于共情的讨论，并纳入最新的研究发现，包括共情如何促进情绪的稳定性。此外，我还接到很多读者来信，讲述他们与自己自恋的母亲、婆婆、姐妹、女儿和妻子相处有多艰难，因此这个版本还增加了关于女性自恋者的资料。

最后，我认识到有时最好的选择就是结束关系，于是又增加了新的一章——"走为上计，逃离危险的自恋者"。自恋者可能有攻击或成瘾等越轨行为（包括色情、情感不忠、赌博和物质滥用等），以及道德水准低下、对自己的错误不思悔改、随心所欲、自认为拥有不受约束的特权等问题。这意味着与他们生活在一起的确有风险，甚至有危险。这一章就特别讨论了这方面的问题和对策。

不可磨灭的印记

我对自恋议题的兴趣源于早年从事心理治疗工作时，与一些很难改变的来访者打交道的经历，这段经历令人难忘。那时，我只在研究生阶段的学习中初次接触过这个主题，脑中仅有对相关章节残留的依稀印象和作为新手对人际关系心理学的热情，完全没有为与这类来访者一起工作做好准备，因此经常处于手忙脚乱、笨嘴拙舌、心理防御很强的状态，而他们好像比其他任何人都更善于触及我的情绪按钮。其中有一位是我在一家家庭调解机构做实习生时遇到的，我当时的工作是在夫妻离婚过程中与他们面谈，协助他们解决有关子女监护和探视的纠纷。比起这份工作，我更愿意选择从最高的悬崖跳下，一头扎到冰冷的水里，而这番血与火的洗礼，始于一位富有魅力的45岁男士走进咨询室。

这位男士比即将成为他前妻的太太早一点到访。他先瞥了我一眼（或者说瞪了我一眼），看到我这个25岁的女人穿着海军蓝套装，拿着一个写字板，热情地与他握手，不像一个很有临床经验的人。他没打算要认识我，径自坐了下来，叹了口气，看了看手表，然后问道："这个无聊的面谈到底要花多长时间？"我还没来得及结结巴巴地回答，他就继续问："咨询师什么时候到？"我控制着自己的脸不要涨红，强颜欢笑地回答说："我就是。"他转了转眼睛，不耐烦地把头往后一仰，转过身来盯着窗外，不耐烦地用手指轻敲椅子扶手。（我不确定是在那天晚上，还是在晚些时候，我开始考虑要放弃做咨询师，转而从事花卉设计的职业。但我还能转念告诉自己："温迪，这是一个正在经历离婚的满腹怨气的男人，他满脑子都是事儿，所以心烦意乱。你可以处理的，手上有问题清单，都排练过的，你这里还有法院的命令。是的，你不喜欢这种霸道的人，但你会挺过去的。你知道如何聚焦主题，而且你对来访者很敏感。"）

他妻子大约五分钟后到达，这五分钟对于我漫长得就像是几天。她是个可爱的女人，一来就为自己的迟到致歉。她先向我自我介绍，又跟丈夫打招呼，坐在他旁边。可是丈夫没有任何回应。然后我就开始面谈，先是回顾了从法院接到的材料，向他们核实。丈夫继续沉重地叹息，眼睛盯着天花板。妻子点点头，认可所有信息的正确性。

接着，我在报告中找到法院要下令调解的原因。报告上写道，这对夫妇未能就谁对三个孩子拥有主要监护权达成共识，丈夫建议共同监护，妻子却想要单独拥有监护权，愿意给予丈夫合理和无限的探视权。我还没读完妻子的提议，丈夫就打断我，站起身怒视着妻子，开始咆哮。妻子立即低下头，眼睛盯着鞋带。丈夫叫道："这完全是浪费时间！根本不可能调解！我们上法庭，你看看自己是不是能得逞。"然后，他看着我，继续说："咨询师小姐，就把我说的这些写到官方记录里吧。告诉法庭，我受够了这种胡说八道的调解。她以为她终于可以摆脱我了，同时还能得到我的孩子。好吧，让我们拭目以待。我的孩子们要想拥有健全的大脑、光明的前途，唯一的选择就是跟我一起生活。你知道我是谁吗，咨询师小姐？我是本州最受尊敬的诉讼律师之一。所以……祝你们俩好运！"说完，他把文件扔在地上，扬长而去。（应该就是在那一刻，我开始考虑转行了。）

妻子把脸埋在双手中痛哭起来，我恨不得跟她一起哭。但我还是强压住情绪，询问刚才他说的那些是怎么回事。妻子告诉我，她丈夫的确是非常有名气的成功律师，鉴于他的声誉和社会关系，她非常可能会在庭审中落败。她又谈到他这种具有威慑力的做派吓退了多少咨询师，没人能让他承担应有的责任。

她的语气似乎很悲伤。当我告诉她这一点时，她说自己其实很长一段时间都这么悲伤，因为丈夫是一个很难相处的人，这也是他痛苦童年的产物。她说自己仍然爱他，但就是不能再忍受他那些伤人的行为，似乎谁也帮不上忙。她觉得很纳闷，一个曾经那么可爱而敏感的小男孩，怎么就会变成这样一个傲慢的自大狂。我们一起叹息。我给了她一些支持性的建议，会谈就结束了。上交了这份调解未成的报告之后，我就再也没有见过他们。

后来，我会不时想起那对夫妻，不知是否有人能触动他，不知孩子们怎样了，她又怎样了。我清晰地记得自己当时的不安——体温上升、心跳加速、肠胃痉挛，在那一刻，我对语言表达的热爱，自认为得体的沟通技巧，以及对"人"的长期兴趣，都被一种摇摇欲坠的、失去自信的感觉压制住了，就好像那位来访者一脚把我的勇气给踹走了。在我职业生涯早年，有过好几次类似这样的让人警醒的经历，这只是第一次。正如我丈夫常说的，"你不知道你不知道什么"。我有很多东西要学，特别要学习与自恋者面对面相处的关系之道。

关键的影响

了解我的人都知道，我对人们行为背后的原因有极大的好奇心，并且一直被吸引着去探索它。对自己也不例外，我有同样强烈的兴趣去解码自己的情感构成。在花费很多时间探索自己之后，我逐渐意识到这么做的重要性，意识到持续进行自我探索的价值所在。

二十多年前，我有幸遇到了无与伦比的杰弗里·扬（Jeffrey Young）博士，他是我的导师之一，也是我最亲爱的朋友。他教我如何将自己的心理治疗哲学（我当时只做认知治疗）整合到结构精妙的图式治疗模式中，这是治疗自恋问题的极好方法。我永远感激他对我产生的深远影响。

2003年，幸运又一次降临到我头上。我遇到了丹尼尔·J.西格尔（Daniel J. Siegel）博士，他是人际神经生物学的天才大师。我们一起做的研究带给我极大鼓舞，并激发了我的灵感，使我在处理这类困难来访者时可以更快速地推进治疗。在心理治疗中，讨论人际关系问题是一个复杂而富有挑战的过程，在他的指导下，我得以将脑科学带入治疗中，增加了这一过程的可靠性和有效性。此外，人们因情绪问题寻求帮助时，往往有种羞耻感，担心被冠以污名。将大脑科学带入治疗，可以有效地减轻人们的消极感受。当来访者了解了大脑如何成为各种体验的居所，记忆如何让人轻易触及过去痛苦的经历时，他们对可能被贴上"疯狂"

或"脆弱"的标签，就不再那么心怀戒备了。科学可以消除许多人在接受心理治疗时将信将疑的态度。将大脑科学引入心理治疗，有助于我们认识到基础生物学的重要贡献，并领略到科学与日常生活经验整合在一起的神奇之处。

分享智慧

自家庭调解办公室的那次痛苦面谈之后，已经过去很多年了。我花了很多时间奋斗、实验和学习，雕琢属于我的治疗专长，因多年来一直与自恋者和他们的"受害者"一起工作而被认为是自恋问题专家。我的来访者群体主要是自恋的男性，也有少量自恋的女性，以及不得不与自己身边的自恋者打交道的人们。我不知该如何解释自己对这个议题的热情，同事们也难以理解。大多数临床治疗师一想到要做自恋者的工作，就不寒而栗，甚至许多人不愿接受这类案例的转诊。因此在同事看来，我这么乐于做自恋个案有点不寻常，他们甚至怀疑我是不是有受虐倾向。对此，我能想到的理由就是，做这项工作对我个人成长的促进很大，也使作为一名治疗师和教育者的我感到很满足。

并非每位自恋者都愿意改变，但若有足够的改变杠杆和外部帮助，也会有愿意改变的人。然而，这不是本书的目标，本书旨在帮助那些与自恋者打交道的人。在这本书里，我们将界定和说明不同类型的自恋，解释自恋为何以及如何成为人格构成的一部分，并提供一些指导和工具，帮助与自恋者打交道的人学会用一种反映性的坚定语言表达自己真实的意图、需要和期望，从而在这份艰难的关系中"求生"，甚至活出滋润感；同时，您还将识别自己的生活模式和个人生命主题，以便更好地理解自己为何会被自恋者吸引，又为何在与他的互动中感到不适和困扰。本书的设计思路，不仅是为了扶持你挺过充满挑战的难关，更是为了助力你在与自恋者打交道的过程中，收获更美好、更令人满意的体验。

要注意的一点是，这一领域几乎所有的专家都认为：自恋者群体中，有75%以上的人是男性（因此，我在这本书中通常使用男性代词"他"）。这在一定程度上要归因于与性别有关的性格特质，如攻击性、竞争力、对他人的有限依恋、支配性和社会规范等。女性也可能会自恋，但她们往往限于在个人容貌、虚荣浮华、子女成就、家务主持以及自己作为养育者的价值等方面表现出自恋特点。此外，自恋的女性倾向于以更隐蔽的方式来表达自我，她们很可能以殉道者、抱怨者和未得到补偿的受害者的身份出现。当然，我们也会遇到贵妇人和大女主型的自恋者，她们的表现与男性自恋者更像，都会贪心索取他人的关注和仰慕。

男女自恋者的相似之处在于，无论是公开表达还是隐晦表达，他们的注意力都会被一种永远无法被满足的需求牵扯，这种需求限制甚至消解了他们的共情、自我反省和忏悔过失的能力。你可能听过"自恋式伤害"这个词，它是指自恋者的一种心态，他们很容易被别人表达的批评、失望和不同的观点伤害，被忽视、没有得到足够多的关注或赞美，甚至自己的错误都是他们受伤害的理由，比如，对他们来说，简单说一句"对不起"就如同承认"我是地球上最坏的人"一样让人难以承受。不过，他们是自我隐藏的高手，我们很难辨识他们是否受伤。他们很可能不动声色，只是用最刺耳的话来攻击你，或者避开你，抑或要求你为他们其他方面的精彩表现而鼓掌。最终，你可能会举手投降，为平息他们无情的攻击、修补他们破碎的自我，你不得不主动奉上一声"对不起"。

　　其实，大可不必如此。在与自恋者打交道时，我们完全可以保持镇定和自尊。要做到这一点，首先要了解自恋是什么，以及它是如何形成的——这是本书第一章的主题。了解这些之后，我们就会意识到自己与自恋者之间的诸多人际问题，并不一定是因我们而起；还可能因为这些认识，生发出对自恋者的共情，甚至是慈悲，因此更加心平气和，关系也会不知不觉地得到改善。

第一章 他是自恋者吗？

　　自恋者既迷人又伤人，他看起来像现代版的兰斯洛特骑士❶，周身散发着势不可挡的魅力，披挂着我们这个时代的闪亮铠甲——纯手工制作的公文包和晃眼炫目的饰品。但要小心！这位骑士其实是一位幻影大师，是彻头彻尾的危险人物。他那由成就、才智和看起来完美无瑕的自信编织的迷人诱饵，可能很轻易地将你引入陷阱。但之后他的傲慢、优越感、特权意识、自私冷漠，将让你感到被严重地冒犯，也不可避免带来令人心烦的人际冲突，及在长期关系中的重重困难。

　　自恋的"她"可能穿着引领潮流的考究华服，或是挎着一位成功人士矫首昂视地阔步于某家公司总部的走廊，或是在家长会旁若无人地夸夸其谈，或是在社区服务集会中指挥调遣他人；她也可能打扮得精致性

---

　　❶ 兰斯洛特骑士是传说中的传奇人物，他英俊高大且温柔体贴，集温文尔雅、慷慨虔诚、彬彬有礼、英勇善战等特质于一身，被誉为"世间最享有盛名的三骑士之一"和"不列颠的狮子"。——译者注。

感，穿着有隆胸效果的内衣，向人夸耀着她那款顾客推荐率最高的拖把。这姑娘总是迫不及待地让你知道她做过的一切："我可不想吹牛，但……"或者"我不想抱怨，不过……"或者"我想不出除了我，还有哪个女人能够忍受……"

她甚至可能嫁给了前面提到的那位具有迷惑性的骑士。她将自己的需要克制于他至高无上的权威之下，只对那些可能惊叹于她的无私奉献的人吐露心声，享受对方奉上的类似于"我不知你是怎么做到的"之类的敬畏赞叹。实际上，这位可爱但不害羞的女人把自己装扮成受害者的样子，内心渴望着掌声，尽管她所谓谦逊的智慧和欢喜雀跃的姿态让我们感觉坐立不安，仿佛听到指甲划过黑板的刺耳声。

二十多年来与自恋者打交道的经验告诉我，对于心理治疗师来说，没有比自恋者更具挑战性的来访者了，他们前来寻求帮助，往往都是由于其伴侣终于忍受不下去，鼓起勇气对他说"寻求帮助或者一拍两散，你选一个"；或是他的老板对其难搞的性格抱怨连连，并下出最后通牒；抑或是他在追求卓越的征程中突然失去动力，想要重获斗志；也可能是他身陷官司，相信心理咨询可能让他生活得好一点；偶然也有自恋者仅仅是因为孤独、抑郁或焦虑而极不情愿地进入治疗室。

那么我们怎么称呼这种矛盾到让人大跌眼镜的人格类型呢？虽然他们看起来体面、自信，有时还深谙迎合讨好之道，但他们可能突然对你出手，使你陷于忧伤、痛苦、厌烦和憎恶之中（正如在序言中提到的，自恋者大部分为男性，所以我主要用"他"这个代词，本书中举例的案例主人公也都以男性为主；不过在本章最后会谈及女性自恋者的特殊表现）。

测一测：他是自恋者吗?

请阅读下列条目，逐条对照你生活中那个难相处的人。如果一个特质在他身上表现得突出，即出现的频率多于不出现的频率，那么就在前面打个钩。

☐ 只关注自己（好像每件事情全都是关于他的）

☐ 有特权感（制定规则，但同时也违反规则）

☐ 贬低别人（以居高临下的方式批评指责）

☐ 需索无度（要求得到所有他想要的）

☐ 不信任别人（当你对他好的时候，他怀疑你有所图谋）

☐ 完美主义（有刻板的高要求，必须按照他的要求来）

☐ 自视高人一等（相信他比你和别人都优越，很容易对你们厌烦）

☐ 寻求赞许（渴望持续得到表扬和认可）

☐ 缺乏共情（对理解你的内心体验没有兴趣，或者根本理解不了）

☐ 强迫性（过分拘泥于细枝末节）

☐ 成瘾性（不能改掉坏习惯，利用它们来自我抚慰）

☐ 情感上的疏离（小心地避开情感）

如果你在13个特质中选择了至少10个，那么这个人已经达到了显性非适应型自恋的标准，这类自恋者是最常见也最难相处的，他们简单粗暴，不留余地，让人难以应对。我把它称为显性非适应型自恋，用以与另外两种自恋区分：隐性非适应型自恋和健康型自恋，这两个概念后文会谈到。在这里，"显性"与"非适应"结合在一起，是想表明这种类型的自恋者显然无法良好地适应社会、服从规范，无法根据情境或者关系中另一方的基本期望，调整自己的行为。如果你遇到的确是一位显性非适应型的自恋者，不要绝望。你可能早已意识到这个人不好对付，但还不知道他到底有什么问题，也不知道该如何应对。请继续读下去，你距离获知答案已经越来越近了。

如果你选择的特质少于10个，那么你面对的是一位有挑战性，但还不至于太任性的自恋者。自恋的程度像一个连续带，一端是健康型自恋，另一端是显性和隐性非适应型自恋。我会在本章界定这三种不同的类型。

什么样的人是自恋者

"自恋"（Narcissism）一词源于希腊神话中纳西索斯的故事。纳西索斯因为拒绝接受山中仙女伊可的爱而受到惩罚，注定永生只迷醉于自己在山湖中的倒影。但自己在水中的倒影永远都只是可见而不可得的，所以纳西索斯日益憔悴消瘦，最终变成了一株美丽的花。这个令人回味的悲剧故事给我们带来这样的警示：只有在摆脱过度自恋之后，真正的美和可爱才会绽放。

自恋者往往以自我为中心，只关注于让自己保持完美形象（获得赏识、地位，被人嫉妒），很少甚至完全没有打算去倾听、关心、理解别人的需要。这种自我中心的状态使其无法跟他人建立真正的、亲密的联结，但恰是这种联结才能让人感觉自己被对方全心全意地理解和接纳，让人感受到安全和关爱，让人体验到爱自己和爱别人的差异。学会在关注自己和关注他人之间获得平衡，是儿童发展过程中重要的一部分，也是人生的必修基础课，可以培养出互惠心、责任感，以及对他人的同感和共情。不幸的是，在自恋者的早期发展中，这些课程恰恰是缺失的。

自恋者可能终其一生都在致力于吹嘘和夸耀自己，殊不知自己内心深处也跟其他人一样，憧憬着一个有温暖拥抱的、安全安静的避难所。你可能觉得身边的自恋者很少或者根本不在意你的需要和感受，而只想以自我中心的特权意识来吸引你的关注，但事实是他也渴望获得更为深刻的联结——只是没有觉察、不能理解，或无法接受自己的这种需要。很可能在他看来，情感上的亲密联结是虚弱和可怜的表现，于是，他的需要就被误导到另一个方向，即通过自身的魅力甚至唬人的行为来博取关注。

纯真天使为何会变成吹牛大王？

很久很久以前，这个争强好胜的吹牛大王还只是一个小孩子，带着每个孩子初来这个世界时都会有的需要、愿望和情感。可是他逐渐走上了一条奇葩的道路，认为自己是舞台的中心，是聚光灯下的尤物，规则都是为别人设定的。究竟是什么因素把他引上了这条路呢？让我们看看以下几种可能的解释。

被惯坏

有研究者认为，在自恋者成长的家庭里，父母灌输给孩子的信条就是要比别人优越，要拥有特权，并且父母对这一信条也身体力行。这种家庭的典型做法是：基本不给孩子设立规矩，当孩子越界违规时，也不会承受什么严重的后果。父母一般不会教他管理或者忍耐自己的不适状态，他总是被极度纵容。这种家庭教育模式为孩子日后成为"纯粹被宠坏的自恋者"奠定了基础，成人之后他只不过是在重演童年的生活而已。

过度依赖

另一个可能是，父母双方或者一方过度参与到孩子的生活中，为孩子扫清一切困难或障碍。这样的父母不去培养和鼓励孩子养成与年龄相符的做事或社交技能，而只是亲力亲为代劳。如此一来，孩子被剥夺了胜任感，习得了无能感和依赖性。他在长大之后，就会倾向于让别人照顾他的一切，这样他就不必面对挫折，不必面对做错事之后的羞耻感，不必把自己看作一个失败者。

孤独和被剥夺

最广为接受的观点认为，自恋的典型根源是孩子在成长过程中得到的爱是有条件的。换言之，孩子是否可以得到爱，要取决于他的表现。父母期望孩子完美，并让孩子感到，只要不完美，就意味着有缺点、不够好、不值得被爱。孩子由此学到：爱是有前提条件的，爱是要视情况而定的。他可能还被这样诱导：假如你为完美而奋斗，情感的需要就可能得到满足。这样的父母也许将自己的骄傲建立在孩子的成就上，于是孩子得到的暗示就是：不完美的表现会让父母蒙羞，而这是被绝对禁止的。

如果父母两方以矛盾的方式对待孩子，情况将会更复杂。孩子可能在一方父母那里总被批评，感觉自己一无是处；而在另一方父母那里则被宠溺、过度保护，或者被作为配偶的替代物。孩子可能会顺服于父母的各种要求和期望，以期获得一点有限的关注，躲避批评和羞辱。为了应对来自父母的情感剥夺、操控，以及对他珍贵而脆弱的小小自我的扼杀，孩子逐渐发展出相应的人生信条，即"我不需要任何人""没有人可以相信""我会照顾好我自己"或"我会证明给你看"。

他不会仅因为他是他自己而被爱，也没人引导和鼓励他发现真我。他不曾得到一个让他感觉自己被珍爱、感觉彻底安全的拥抱，没人教他换位思考，或如何体会别人的内心情感。在他所经历的人际互动中，共情总是缺位的，因此也没人为他充当这种角色榜样。而与此同时，他又背负着羞耻感和自卑感，这都源于他所遭受的直接批评、情感滋养的匮乏，甚至肢体亲密接触的缺失。他感觉自己有哪里不对劲儿，想要得到温暖和关注，但又觉得那是弱者的表现。作为一种防御，他集结内心所有的对抗力量，试图扼杀与他的生命主题相伴的痛苦。

各种因素的综合作用

你可能会觉得上述来源综合起来可以更好地描述这些"陛下"或"公主"。确实，考虑到人类互动和反应的复杂性，人们的性格往往不是由单一要素决定的，而是多种因素混合作用促成的。

被惯坏—依赖型

你在生活中遇到的自恋者可能兼具上述"被惯坏"和"过度依赖"两个特征。他不仅事事要压别人一头（如果家里的示范就是"我们比别人都好"，孩子这样一点也不奇怪），也会依赖别人，无法独立完成很多事情，因为在他幼年时，父母会时刻在旁等待救驾，而不是教给他必要的自立技能和适度依赖技巧。成人之后，他可能既表现得颐指气使，又期待别人的宠爱，或者做事不够主动，因为在内心深处，他害怕暴露自己的不足和失败，并以之为耻。

被剥夺—依赖型

另一种混合型的自恋是被剥夺型与过度依赖的结合。这种类型的自恋者一方面容易进入防御状态，另一方面又有依赖性，需要别人时刻肯定他是最好的，时刻帮助他安排打点一切。他内心深处总感到孤独，感到自己有缺陷，由此而产生一种羞耻感，于是他小心翼翼地寻求别人的保护，使自己免受羞耻感的煎熬。他可能表现得脆弱而敏感，比较黏人，没有那么爱苛求、爱炫耀；还可能沉溺于能安慰自己的成瘾行为，比如工作、购物、赌博、色情、暴饮暴食等等。不过，我们还是要特别小心，因为虽然引燃他的导火索可能稍微长一点，但当他不得不面对挫折，或发现自己太多次拙于应对别人的机敏言辞时，他那对"缺陷和不足"特别敏感的神经，会瞬间使其启动刻薄型自恋者的狂暴模式，或者使其立即遁入拒绝交流的寂静深渊。

虽然一些专家推测，自恋的表现可能源于由生理因素决定的人格特质，然而更多专家认为这是早期生活经历和生理因素共同决定的。值得注意的是，很多孩子在上文提到的环境中长大，但并没有成为自恋者。这大概是因为他们天生性情就比较稳定，也可能因为满怀爱意的祖父母填充了父母缺位的爱，又或是一位老师、养育者或其他角色榜样帮助这个孩子渐渐形成了健康的具有适应性的人格。一般来说，人格或者品格的形成都是生理因素与环境影响彼此交互作用的结果。

测一测：他是哪种类型的自恋者？

想一想你身边的自恋者，看看是否能从下面的测验中判断出他属于哪一类。在对每种行为倾向的描述中，勾选与他相符的条目（如果你知道他的童年经历，可能会更有帮助）。这个练习能够帮你识别最常见的自恋类型，尤其是被剥夺型自恋。但是，个体之间在特质和状态上的差异很大，如果你身边这位自恋者不是特别符合下面的两种类型，那么他可能就是纯粹的被惯坏型或者依赖型。

被惯坏—依赖型

□ 言辞间仿佛他比别人都优越，不管是长相、智商、成就，还是其他方面。（比如"毕竟我是在常春藤盟校接受教育的"。）

□ 认为自己应该被特殊对待，做起事来仿佛可以无视规则。（比如"你什么意思？我还要等你来安排座位吗？"）

□ 总打断别人的话，好像自己的话更重要。（比如"不，不，真正的问题在于……"）

□ 当不知道该怎么办，或者事情没有按照他预想的发展时，很容易发脾气，或者干脆采取回避态度。（比如"你没预定是什么意思？我说了多少遍要去格兰迪餐厅吃饭的！"）

□ 长篇大论地"演讲"，视自己为所有领域的专家，大家都应该洗耳恭听。（比如"我是这样想的……""我的观点是……""所以，就像我跟你们说过的，……"）

被剥夺—依赖型

□ 总是等着别人来赞美、赏识，或者恭维；即便表现得很强硬，他也能感受到背后的不踏实、不安全。（比如"所以你真的喜欢我所做的，对不对？""我做得很棒，你觉得呢？"）

□ 在对话中，总要求别人解释和澄清，经常认为别人想要伤害他、侮辱他，或者占他便宜。（比如"你这样说我到底是什么意思？""你是说我是个骗子吗？""所以你现在觉得我一无是处？"）

□ 当受挫或受伤害时，会在言辞上攻击别人，或者躲避现实。感觉自己有权以攻击、发脾气或消费来保护自我不受伤害。（比如"你哪来的胆子！""就凭你，我能指望你什么！""走着瞧！"或沉迷于工作、饮食过度、忙于做各种做不完的项目、强迫性地上网、酗酒、拈花惹草、挥霍浪费等。）

回顾你勾选的这些条目，看看身边的自恋者属于被宠坏—依赖型还是被剥夺—依赖型。

假如这位自恋者是被惯坏—依赖型，要想改变他，重点在于设立界限，自恋者需要参加一些学习忍受挫折的课程。对被剥夺—依赖型来说，你需要忽视他那些夸大其词的自我吹嘘，相反，关注他"正常"的好意之举或者体贴之举；还需要让他们承受自己盛怒爆发带来的后果，鼓励他们学会使用自我控制的工具，使自己在想要发火时冷静下来；此外，建立"共同退场"的机制也有帮助，比如"中场暂停"之类的策略。或许你发现两者兼而有之，这表明他的自恋源于孤独和被剥夺，这也正是自恋最常见的来源；他暗怀上述行为倾向，一旦某个情境勾起童年的感受，这些行为就一一展现出来。

当然，对每个个体来说，诱发因素和问题行为都不尽相同，因此想要改变他们，需要量身定制方案。在后面的章节中，我会进一步阐述这些问题，讨论改变他们的策略和其他干预手段。

自恋的人在想什么？

我对你的感受没兴趣

自恋者追求的境界是在"情感自主大赛"中永远保持领先地位。他不需要别人，认为只有自己可以依靠；他不肯将自己的渴望和艰难示人，只将它们藏匿于由成功、权力、能力、正义织就的斗篷之下；他是荣耀的追逐者，是雄心勃勃的竞争者，是聚光灯下的亮点。他也许时刻准备着英雄救美；也许会坚持自己的观点直到你跪地求饶；也许会为了取悦你而讲段子、抖机灵、舌灿莲花，甚至夸口认识多少名人。然而，他在情感上的疏离和高度自主，使其对别人的情绪处于麻木无知的状态，从而没有能力发展出对别人的共情，或者从根本上排斥共情。

共情，即设身处地地感受他人的感受，是一种穿别人的鞋子走路的能力和意愿。当你与一个能共情的人互动时，能够感受到这个人真的理解你。他即便不认同你的观点，仍可以理解你的情感和体验。共情与同情有区别，它不仅仅是为别人的痛苦感到难过，而是一种调频的艺术，把自己的频道调到与对方一致，让自己的身体和头脑与对方共鸣。这是健康人际关系中联结双方最有力的要素，缺乏共情的关系将是一种灾难。丹尼尔·戈尔曼在《情商》一书中提到，一个人如果不能对他人产生共情，那么他只是把他人当作物，而不是人。

自恋者缺乏共情表现在不同方面。举个例子，假如你在与自恋者的交谈中，终于成功切入了自己的兴趣点，希望他能调频到你的世界来，此时他很可能突然化身为神奇的霍迪尼❶，从你眼前消失。在你还没说完的时候，他可能就已经起身走开，声称有事要办。有女性自恋者如此，但这种事大多发生在男性自恋者身上。

如果生活使你陷于更严峻的状况，比如出现健康问题或其他个人危机，此时自恋者的离席会显得更为绝情。当你突然发现需要关注自己，致力于为自己或所爱之人而战时，就会看清谁是最袖手旁观、冷漠自私的那一个。当我的父亲病重乃至病危之际，我那些有自我牺牲精神的来访者在面谈时会因为占用了我的时间而感觉内疚，即便我一再安慰他们我是自愿的，他们仍有不安。与此对比，自恋的来访者却会因为我从医院匆匆赶来稍微迟到了一点而面露不悦。

我不需要任何人

自恋者对事情的反应是快速而多变的。他可能通过贬低你"傻气"的感情需要，使你觉得自己对他提出要求或发起抱怨是一件愚蠢而没道理的事情；他可能在你说话的同时，持续地（回避性地）自言自语一些

---

❶ 哈利·霍迪尼是美国20世纪早期知名的魔术师、遁术师，他以能从各种镣铐和容器中脱身而成名。——译者注。

关系陷阱：如何与自恋的人相处

诸如苹果与橘子的区别、需要和需求的区别、柏拉图与苏格拉底的区别、民主党与共和党的区别等的无关紧要的话；他可能用"不知道你想要我怎么样"之类的话来回复你，然后用各种方式提醒你他有多么了不起，多么不应该受责备。

自恋者处事模式的本质是回避，他一直小心地将不安全感隐藏起来，这样就没人可以再伤害他、羞辱他、辜负他、利用他。然而，他躲藏在这种虚张声势之后，也意味着丧失了亲密关系带来的欢乐和痛苦，以及与之相伴的心灵需要的满足。

如果和一个自恋者谈恋爱，当你想去探访他的情感世界，甚至邀请他来体验你的内心感受时，他会感到巨大的威胁，害怕心里那个孤独的小孩现身。他好像很害怕面对那个孩子，把他看作是一无是处、孤独又丢人的小东西，只想尽可能把他推到意识的最深处。然而在他推远那个小孩的同时，他也在推远你。在缺少亲密情感的关系中，哪怕这位自恋的恋人就在你的身边，你仍然感到孤独。

有位来访者嫁给了一个自恋的男人，她发现自己的孤独感在丈夫出门旅行时反而更少，因为丈夫不在家，她也就没有期待。若他在家，而在情感上又无法触及，她则会产生更强的孤独感和被剥夺感。她丈夫以情感静默作为回避的策略，长期沉浸于此，不能自拔。对他而言，暴露自己的脆弱性，就等于将两人以一种彼此依赖的方式熔铸在一起，这是不可想象的，毕竟自恋者的人生使命就是自主自立。

马里昂·所罗门（Marion Solomon）博士是终生学习学院（Lifespan Learning Institute）的临床培训主管，她曾经在著作《自恋与亲密》（1992）一书中写道：自恋者在面对情感融合时，会感到一种失去自我的恐惧。对于自恋者来说，亲密就如同一栋令人窒息的危险居所。

我可以安慰自己

"我不需要任何人"是男性自恋者中比较常见的用来自我安慰的内心独白。对女性自恋者来说，"你欠我的"是更为常见的论调。当然，这些主题旋律是自恋者自己完全意识不到的——它们只在背景中被默默地自动循环播放。之所以如此，要感谢我们善于整饰的记忆，自恋者以内隐或者外显的方式，牢牢记住了自己童年没有被满足的需要。带着这一记忆，他们害怕却又认定这种需要一辈子都得不到满足。因此，自恋者与别人保持着冷淡脆弱的关系，处心积虑地用过度的情感独立来代替恐惧感。恐惧和过度代偿的结合进一步剥夺了他们与自己内心世界的真实接触，导致了自我认知的虚空。

当自恋者想要逃离难受的感觉时，他会自动戴上在当下情境中最合适的面具。在面具的作用下，自恋者可以将潜在的痛苦状态转化为可以忍受的，甚至是舒服的体验。当令人不适不快的情感浮现时，戴上面具让他们能切换到另一种状态。我们用面具来比喻人们的自我保护方式，它的本质是一种应对模式；而模式就是存在的状态，我们总是从一种模式切换到另一种模式。比如，在这一刻你是付出和自我牺牲模式，下一刻你可能又切换到了孤独脆弱模式。以下是自恋者比较常用的应对模式，或者说是面具：

- 霸凌者
- 炫耀者

- 成瘾的自我安抚者

- 特权者

（第五章对每一种面具提供了更为详细的讨论，并解释了如何有效地与戴这些面具的人打交道。除了上述四种面具之外，自恋者还可能使用工作狂、救世主、殉道士等面具。不过，用来应对四种常见面具的策略，也适用于应对其他面具。）

接下来，这些适应不良的应对模式就会制造出一系列你可能已经体验过的让人不舒服的行为。不幸的是，面具没有让他成功逃离，反而使糟糕的感觉更长久地驻留下来，那些人生早年再熟悉不过的耻辱感、孤独、怀疑和剥夺感在面具的作用下被重新激发。比如，在社交聚会上，自恋者为了掩饰自己的尴尬而抱怨聚会无聊，或者在一些深奥问题上发表一番哗众取宠的演说。这样一来，他就不仅显得尴尬，还显得粗鲁、招人讨厌。

杰弗里·扬是图示治疗的创立者，也是自恋问题专家。他认为，隐藏真我的高昂代价是真正的乐趣、生命的自发性和亲密关系的丧失（Young & Klosko，1994）。自恋者的虚假自我表面上光鲜亮丽，然而表象之下，仍然是一颗感觉自己不如人、不被爱的心。

用我的智慧来救赎你

有的自恋者伪装得很好，他们以冠冕堂皇的言辞俘获你的认同，甚至把自己装扮得很高贵。这些人自认道德无暇，总爱指出这世上的是非标准是什么。他们将自己与那些"有偏见""自私懒惰"的人划清界限。为了快速拯救你，隐性自恋者渴望找到你所有问题的症结，然后迫不及待地亮出自己的人生哲学，高谈各种"应该""必须""总要""从不"和"全或无"，希望以此救赎你的灵魂。他们宣称如果人人都能按照规则（当然是他们的规则）行事，这个世界将会多么美好。

　　隐性自恋者骄傲地声明自己最忠于事实，承认自己是卑微的，拥有人类都有的不完美。说这些，无非是为了给你留下好印象。在这薄薄的面纱之后，他又"谦虚"坦言自己多么热衷于严格地要求自己，他可能会说："的确，我可以告诉大家自己向人道主义基金会捐了一万美金，但我不是那种炫耀的人。我乐善好施并不是为了得到别人的赞美。"

　　隐性自恋者可以在道德牌坊下站一会儿，但是坚持不了太久。就像所有的自恋者一样，他对荣耀和赞许如饥似渴。不需多时，他内在那个被剥夺的孤独小孩就闹着要引起关注，引得他阵阵作痛。于是他将这个讨厌的小孩藏好，向外展现出对赞美的饕餮胃口，他需要别人认识到自己并非等闲之辈、凡夫俗子，而是类似于天使神灵的存在。他不允许自己内心产生对爱和归属的期望，也毫无获得爱和归属的信心，只有绝对的情感独立才能让他感到些许安慰。

　　每当慷慨布施给他带来的荣耀不够盛大，或赞赏的聚光灯褪去得太快时，他的内心总是被痛苦咬噬。迟早有一天，他会因自己付出巨大却得不到持续喝彩而心生怨恨和沮丧，这些情绪摇晃着他脚下的绳索，让他体面坚毅的人设在某一个瞬间从钢丝绳上轰然坠落，累及路人。你可能发现自己会莫名其妙成为他横眉冷对的指责对象，又或听到他精巧地编排某人或某机构如何忘恩负义、愚不可及，如此愤世嫉俗的原因很简单，只是因为别人为他的伟大成就起立鼓掌的时间没有超过五分钟，这着实令他失望。他自鸣得意地狠狠批判假想敌，以此回敬假想中对方对他骄傲的伤害。凭借这一通孩童发泄式的反击，他又坐回到了永远正确的宝座上。

自恋的"她"有何不同？

男女自恋者有很多共同特点。他们都热爱听到自己的声音，渴求得到别人的钦慕；他们都会用自己的看法、抱怨、批判来攻击你，直到你最后一根神经被磨断或者被烦到哭出来。假如你试图在他的长篇大论中插上一句，你立马就会变成一个透明人。他们的耳朵只为了听到自己美妙的吟诵和你的赞美之声而存在，对你在对话中可能作出的贡献，他们是充耳不闻的。他们在你光彩或者暗淡的脸上，看到的永远只是自己的镜像，因为他们还没有学会共情，所以不能理解为什么自己卖力诱发你鼓掌的举动，反而让你那么渴望有警报响起或其他干扰降临，这样你就可以顺理成章地逃脱。

自恋者绝大多数是男性，因此本章甚至整本书的例子都聚焦于男性的自恋表现。第六章涉及一些最具伤害性的自恋行为类型，全部都与男性自恋者有关。不过，自恋者中仍有20%到25%的比例是女性，她们的行为有独特性。下面让我们看看这些大女主、戏精、贵妇人、大小姐、危险尤物、殉道士的行为与男性自恋者有什么区别。

请欣赏我的表演

　　女性自恋者有多种表现，她可能有如狐魅妖姬，迈着轻佻的狐步，诱你上钩；可能以貌似谦逊的虚伪面貌来评判你，以妒火中烧的苛责来中伤你；也可能表现为受害者或殉道士，随时抓住你，痛陈自己如何"鞠躬尽瘁"，付出了多少，承担了多少，别人又如何不知感恩。对这位演技精湛的"受害者"而言，类似的情感宣泄频繁发生，即便你表示自己身体不适，或还要赶赴一个约会，她也不会因此暂停一秒。她自己如此重要，而你的任何需要都不值一提。当她正在进行殉难表演时，你若表现出一丝丝不苟同或不重视，都会被她敏锐地捕捉到，那么等待你的就是不满、哭泣，甚至是要抛弃你或要伤害自己的威胁。你有时觉得自己像是被迫在一部小成本制作的电影中出演一个配角：此刻的女主瘫倒在沙发上，紧抓胸口，哭诉心中的痛苦，而你要诚惶诚恐、卑躬屈膝地道歉，承诺以后会更关心她。你可能会放弃自己的观点，一味顺应她；也可能寻找各种借口，解释自己为何会一时鬼迷心窍；你甚至会赞美她的宽宏大量，感谢她给你第二次机会。

　　如果没跟这种自恋者打过交道，你可能会觉得这太过夸张和戏剧化。但这正是我的来访者鲍勃亲历过的场景，他来找我咨询也正是因为这位未婚妻。有一次他着实被吓到了，以为她真的心脏病发作，于是拨打了急救电话——此事令他的未婚妻羞愤不已。

　　自恋者可以让你的头脑纠结扭曲成麻花。你如果奋力抵制她热火朝天的夸张表演，拯救自己即将陷落的清醒，她的表现就会逐渐由噘嘴不满，过渡到伤心抽泣，然后是轻慢讥讽。是的，你的号码被这位自恋姐妹设为快速拨号，而且她每次必有办法让你接听她的电话，她可以一键就将你置于自我怀疑和罪恶感中。

让我开心是你的使命

当这位问题女王碰巧是你的母亲时，你面临的挑战最为巨大。一位来访者曾跟我分享过一个她与母亲的故事。一次她们坐在草地的椅子上参加一场户外音乐会，妈妈用手遮着阳光看着她说："跟我换一下位置，黛博拉，阳光刺到我的眼睛了。"黛博拉没有立即同意，她母亲则看向别处，陷入可怕的沉默，这就是她的典型反应。看起来这只是一件小事，但此类事件在生活中无数次出现，冰雪皇后总是把自己的需要置于孩子的需要之上。

一般而言，父母是不是自恋，可以很有效地预测孩子会不会自恋，但为什么黛博拉却没有因此而发展出自恋型人格呢？正如前面提到的，性情、心境、情绪、行为倾向，以及环境都是塑造孩子人格的影响因素。当黛博拉还是小姑娘的时候，她拘谨而焦虑，很容易受惊，在妈妈生气时她会有负罪感。她的这些表现在自恋父母的孩子中并不少见，尤其对于女孩子而言，她们从小被灌输这样的观念：让父母开心是她们的职责，父母生气就是她们的失职。

在黛博拉的案例中，她的表现其实是对母亲耳提面命的警告的自然反应。母亲总是说："小姑娘，你要为自己感到羞耻！你竟敢让我难堪！你这个忘恩负义的家伙！毕竟我为你付出了那么多……你是如此让人失望。我肯定是个糟糕的妈妈。"（黯然神伤、啜泣不已）另外，黛博拉的爸爸是个倾向于自我牺牲的极度惧内的人，他愿意不惜一切代价来息事宁人，总是赞同妻子，向她屈服让步。无疑，黛博拉从他的示范中学到了很多，更何况孩子的能量更小，对稳定、安全、爱和接纳有更高的期待。

我要作时代偶像

自恋女性对自己样貌的重视超过自恋的男性，她们更喜欢炫耀自己的身体特征（通常是夸大其词），"魔镜，魔镜，告诉我……"正是最被关注的话题。与男性自恋者相比，女性自恋者更重视自己是否拥有时尚的品味、符合潮流的服饰，和社交或学业上成功的子女。在这个毫无隐私的科技时代，对这些地位标志要素的重视，不过是在性别刻板印象影响下性别社会化畸形发展的结果。

苏珊·沃尔什（Susan Walsh）是一位博主，她曾对这一现象进行过有趣的观察和描述："在二十世纪七八十年代，美国人沉迷于明星文化，当时进食障碍者的数量暴涨。而今天，社交媒体通过鼓励女性晒美颜照、呈现自己独特的线上形象孕育了自恋主义。（社交媒体网站）要求人们善于自我推销，将我们内在自恋的特质激发出来。真人秀节目通过营销手段将最不起眼的人包装为明星，而我们目眩神迷地追随着他们病态的生活方式……女性自恋者把自己的一生视为一部持续上演的故事片，而她在其中领衔主演，一路上持续收获着如雷掌声。"

在这个明星、网红大行其道的时代，浮现出令人担忧的现象：面向大学生和年轻人的有关自恋的调研显示，一种追求独特性和特权主义的文化开始盛行。越来越多的年轻人（包括男性和女性），开始采纳一种令人担忧的自我管理观念，我把它称为"自恋之治"：在自我服务的宗旨下，他们相信人生唯一重要的事情就是表现优秀、成就突出、赢得重要人物的青睐、把自己安顿好，如果这些都做到了，好事和机遇自然会前来敲门；他们不关心别人的需要，不在意自己的行为对别人有什么影响，除非有什么东西妨碍了自己"赢者通吃"抱负的实现，或成为自己谋取私利的绊脚石。值得注意的是，这种自恋是由甜蜜的独特感和辛辣的特权感共同腌制而成的，与我们前面提到的，为了掩盖自我怀疑、不安全感和脆弱性而过度代偿的自恋是不同的。

自恋不一定是坏事

自恋是不是听起来像灾难？自恋者真的永远都是如此不堪吗？其实未必，健康的自恋含有自我肯定和自我尊重的种子。"健康的自恋"听上去很矛盾，不过事实上，人类的自恋程度呈现出一个从健康到适应不良的渐变谱系。在人性中本来就存在自恋表达的倾向，这也不全是坏事。

儿童的健康自恋

如果阅读有关儿童发展的文献，你会发现几乎每个孩子来到这个世界上时都带着冲动、愤怒和苛求（同样也带着欢愉、活泼和好奇）。这些品质只是孩子情绪广谱中包含的一些要素而已，与孩子天然的脆弱性和天生秉性相伴而生。自恋对孩子来说有重要价值，正是它帮助孩子表达自己身体和情绪上的不适，在前语言时期尤为如此。孩子可能会变得怒气冲冲、哭哭啼啼，要求你关注他，最终就是为了获得保护、认同、安慰和与你一起嬉戏的机会。这是健康的行为，在心理发展上具有适应性。

睿智有爱的育儿方式注重为孩子提供足够的情感和物质支持，以帮助孩子发展出安全感和胜任力；也会为孩子提供合理的限制，以确保其安全，促进其忍耐力；还会试图培养孩子在包容他人和自我关注之间找到健康的平衡点。大多数父母希望孩子在睿智有爱的呵护和健康的权利意识中成长，这意味着孩子可以保持一定的自我价值感，能认识到自己有权利被尊重、被接纳，同时也学会理解和尊重他人的权利。然而，虑及目前还有那么多未解的育儿谜题，父母自身也有各自的问题，再加上每个孩子的天赋秉性不同，要达成上述育儿目标，父母所面临的挑战将是艰巨的。

在《由内而外的教养》（Siegerl & Harzell，2004）中，丹尼尔·西格尔写道，父母需要清楚自己的早期生活经历，并形成一份完整的、条理分明的个人叙事，在养育孩子的过程中，这将提供有效的榜样示范，有利于构建深入的交流，孩子将因此受益更多。那些能将自己生命历程中一个个散落的点连成线的父母，有更大的可能为孩子提供高质量的爱和有技巧的约束。

在睿智有爱的亲子关系中，羞愧的概念可以作为校准"付出与索取"天平的砝码，用以教导孩子家庭的价值和个人的责任，有助于规范孩子的行为。在此过程中，完全不用通过暗示孩子做得不好或者不值得被爱来控制孩子，因此孩子也不会以自惭形秽、心灵受伤为代价来学会承担责任。在家庭教育中，我们的目标是要让孩子在学会欣赏与众不同的自己的同时，又要发展出对他人的责任心。正如天才诗人和哲学家约翰·奥多诺休（John O'Donohue，2000）所言："家庭是不同的命运开始清晰表达并为自己做出定义的地方。它是一个人未来的摇篮。"

总之，健康的儿童期自恋将进化为正直的品性，即言出必行的艺术。它让孩子真实地展现自己，而不必掩藏和压抑自己；让孩子可以清晰地表达自己的意愿、需要、诉求，同时又对他人保持敏感性。在它的保驾护航下，孩子将与他人建立更为稳定和安全的依恋关系，责任感和互惠精神也因此而发展。

成人的健康自恋

为了理解"成人的健康自恋"，我们可以想象这样一个人：他已经获得了一定程度的名气和成就，对所在的社区或社会发挥着影响力，对你个人也可能有深刻影响。健康自恋的成人并不一定在童年享受到睿智有爱的教养，也不一定要在稳定健康的家庭中成长；他们的人生可能开启于暴风雨般的动荡环境里，在成长的路上也可能经历过崎岖和沼泽。之所以能够抵达相对健康的状态，是因为他们受益于心理治疗、精神引导、自我疗愈，或遇到了温柔慈悲的老师、朋友、教练或者爱人。

虽然有一些功成名就之人表现出傲慢的显性自恋，但也有不少成功人士拥有健康的自恋。例如，奥普拉·温弗里（Oprah winfrey）的健康自恋让我们心存感激，若非如此，我们就没有机会在她激励人心的访谈中大开眼界，没有机会聆听那些改变人生的经验，没有机会因此受到心智的启迪和灵感的激发。通过奥普拉对嘉宾敏锐、坦率、犀利的对质，观众得以见证希望、谦卑及人生的无限可能，得以深刻体会自己肩上的责任。

那么，我们为什么还要用"自恋"二字来描述他们呢？一部分原因在于，健康的自恋者拥有高于平均水平的造诣和才能，因此在自尊和应对反对者方面，他们与"一般人"相比有明显不同。他们通常会比较频繁而明显地表现出以下特征：

- 共情：会试图倾听和理解他人的内心世界。

- 投入：充满魅力，具有社交能力，对人富有同情心。

- 领导力：能建构出做某件事的意义和愿景，在与他人合作时能明确努力的方向。

- 自信沉着：有自信，奉行慷慨而真诚的待人之道。

- 寻求赏识：赞赏可以激发他们的干劲，使其受鼓舞，并发挥更大的影响。

- 有决心：可以推开反对者设置的重重荆棘，坚持前行。

- 勇于对抗：会追究别人的责任，但并不会去迫害和诋毁别人的人格。

- 明智地止步：能辨识合理范围内的吸引和具有破坏性的诱惑之间的界限。

本章小结

在本章中我们了解了自恋有多种类型，其中最典型、给人压力最大的当属显性非适应型自恋，我们还谈到自恋的起源，以及与自恋者相处的感受。

本章通过一些例子展示了自恋者的表现，以及男女自恋者的差异。同时，你可能也得到一丝暗示：改变并非不可能。的确，在后面的章节中你将看到，改变可能发生，但离不开创新勇敢的执行力。在与自恋者的互动中，存在着几重心照不宣的密约：第一重发生在自恋者与他的真实自我之间，第二重发生在你和自己的真实感受之间，第三重发生在你们双方之间。最后一重密约最好理解：在人际互动中，如果以真性情去和自恋者碰撞，显而易见会出现令人不快的后果，因此不如息事宁人、少惹麻烦。

下一章将介绍与自恋相关的心理治疗理论，并开始探讨如何基于对这些理论的整合，创建一套切实可行的方法，以挑战与自恋者相处时面临的情感迷宫。

第二章　挖掘自恋的源头

在我个人的好奇心之外，在我二十多年来的专业经历及所受心理学领域多种理论的熏陶之外，对我的工作影响巨大的三位杰出专家是：认知治疗的开发者阿伦·贝克（Aaron Beck）、图式治疗的创建者杰弗里·扬（Jeffrey Young），和人际神经生物学的开拓者丹尼尔·西格尔（Daniel Siegel）。他们的工作成果为我们应对生活中的自恋者照亮了道路。在本章中，我将借助这些专家的洞见，带你了解生命图式的概念及习惯的力量。这些认知背景将有助于我们了解，若想在与自恋者的关系中获得成长与改变，哪些东西是必不可少的。

阿伦·T.贝克是众所周知的认知治疗之父。心理和情绪信念系统纷繁复杂，正是他为无数临床工作者和心理自助者提供了探索这一复杂领域的极具价值的指南。他在认知治疗方面的研究和临床实践享有国际盛誉，发展出的治疗方法在帮助人们改变失调的思维和行为方面具有显著功效。以自恋治疗为例，根据认知治疗的思路，假如自恋者学会检查并匡正自己对这个世界设定的故事脚本及所持有的偏见，那么就自然会摆脱长期以来招人厌烦的应对模式，身边的人也将从折磨中解脱出来。

认知疗法要求我们检视自己对生活中的人物、地点和事件所赋予的意义，然后通过精心建构的概念和策略提供一套纠正错误假设的方法，而正是这些错误假设导致了我们消极的情绪体验和自我挫败的行为模式。在治疗中，认知治疗师将与自恋的来访者协作，帮助其发展出一套包括观点、信念、预言在内的更准确的认知系统，以取代其多年来深信不疑的对自己、他人和未来的扭曲看法。该疗法的重点在于引导来访者关注内心的自我对话，检视这些内心对话的现实性。这些工作对其他形式的治疗，特别是扎根于认知治疗理论的图式治疗，提供了坚实的基础。

图式治疗是一种具有整合性的心理治疗模型，它将辩证认知行为技术和其他广为应用的心理治疗技术（如人际疗法、情绪聚焦疗法和完型疗法）结合在一起。杰弗里·扬是图式疗法的奠基人，他最早以《重建生命的内在模式》（Young & Klosko，1994）等著作向大众普及了图式疗法，随后又撰写了一些面向专业人士的书籍，如《图式治疗指南》（Young，Klosko & Weishaar, 2006），进一步拓展了这一伟大疗法的影响力。最近的研究显示，图式疗法在应对较难改变的心理疾患时具有卓越疗效（Giesen-Bloo et al.，2006），自恋即是其中一种。

扬的图式理论提出了18种早期适应不良图式，它们在个体成人之后将表现为功能失调性的人生主题，也被称为"按钮"或"人生陷阱"。之所以被称为"早期"适应不良，是因为这些问题来自于童年和青少年时期的不安和忧虑，当时的基本需要没有得到充分满足，于是阻碍了健康稳定的人格发展。图式由信念或认知构成，还包括情绪和身体感觉，以及一些生理要素，比如性情。

性情指孩子天生的性格成分。就像心境、运动技能、注意力一样，每个孩子都表现出一些天生的性格倾向，比如害羞、攻击性、外向、内向、敏感、适应力、乐观等。这些天生倾向由基因决定，在儿童发展的早期就有所表现，并被观察到。例如，在面临一个新奇的情境，或者面对一位陌生人时，有些宝宝会表现出回避的倾向，牢牢抓住自己的父母、照顾者，或者熟悉的物件。

因为环境对孩子的天然倾向具有影响和塑造作用，所以人格是孩子的天生性情与后天环境共同作用的结果。例如，如果一个天生害羞的孩子总是被父母或者其他养育者轻视，那么他的退缩将会加剧，甚至形成抑郁；面对外界的刺激，他或以违反规则的攻击性行为加以报复，或采取回避接触和心理隔离的应对方式，并通常会形成潜在的负面自我评价，也被称为"缺陷图式"，为自己的害羞而自卑。相反，如果父母能以足够的耐心和宽容面对孩子的害羞，温柔地引导，让他每次都能向舒适区外迈出一小步，就会逐渐培养孩子在陌生环境或社交情境中的自信心，让孩子发展出自我接纳。因此，性情可能伴随成长而改变，只是我们还不清楚什么因素影响了它的改变。不过有一点是确定的：图式是儿童的天生性情与他在成长环境中面临的困难交互作用的结果。

在人生大部分时候，图式都处于休眠状态，只有当个体经历了一些特定事件时，它才会被激活。这些事件触发或挑战了长期存在于个体头脑中的潜在信念，而潜在信念与童年时期痛苦的记忆相连，小心地躲藏在大脑深处，书写着很难被反驳的"人生真相"。它们总是以直觉的形式出现在意识范围之外，而且没有建立在当下的现实基础上，也就是说，它们是一种不一定能被感知到的"感觉"。

　　一旦图式被潜在信念激活，就扣动了精神创伤记忆的扳机，且往往会导致自我挫败的行为模式。此时，大脑和身体（皮质下区域）的情感和生理回路通常与大脑的执行区域或决策区域（皮质区域）断开连接，而后者负责对"此时此地"的事件和"彼时彼地"的事件作出区分。如果一个人处于"彼时彼地"的内隐状态，那么影响他作出反应和决策的，就不是现在发生了什么，而是过去的事情以及当时的情绪，压力激素的释放会使大脑执行区短路，这通常会降低推理和反应的准确性。更糟糕的是，当事人对这一切完全不自知，因为它发生在幕后，发生在我们的意识之外。

　　例如，一位女士的父亲在她六岁时离开家庭，难以忘怀的伤痛让她形成了遗弃图式，她因此对别人的离开特别敏感。有一天丈夫告诉这位女士他要出差，女士心中那个不安全的纽结被触动了一下，于是，她再三强烈要求丈夫保证一定会与她保持联系。这样做的结果就是为夫妻关系注入了不信任、不满意的毒素。

　　我们每个人都有图式，且一般都不止一个。图式的形成是为了应对人生早年经历中的不完美和创伤。在许多情况下，诸如虐待、忽视、抛弃、混乱或过度控制等有害事件，会使相应的图式嵌入儿童的情绪中，连同生理倾向（即天然性情）一起，塑造了儿童的人格。当此时此地的某件事触发了我们的图式（"他真是按到了我的按钮"），我们立即就会被不适的生理感受和扭曲的想法淹没，转而从事自我挫败的行为。

　　下面，我们要学习由杰弗里·扬提出的十八种早期适应不良图式。请您在阅读以下内容时，思考自己的图式属于哪一种，也留心身边自恋者的图式类型。值得注意的是，既然是图式，它必然建构于您的童年或青春期，并带有一种被放大的真实感。虽然图式大部分时间都在休眠，仅在某些情况下才会被激活，但它带来的感觉是非常强烈的。（以下材料的使用已获得杰弗里·扬博士的准许。）

1.遗弃/不稳定

对自己是否可以获得支持和联结感到不确定、不可靠，包括认为重要他人不能继续提供情感支持、联结、力量和实际的保护。原因可能是重要他人的情感不稳定、不可预测（比如会突然发怒）、不可靠且反复无常，也可能因为重要他人将要去世，或重要他人为了更好的人而遗弃了自己。

2.不信任/虐待

预期他人会伤害、虐待、羞辱、欺骗、操纵或者利用自己。通常包括感受到故意的伤害、不公正的结果和极端的忽视，也可能是感到自己总是被他人欺骗或处于劣势。

3.情感剥夺

预期自己正常程度的情感支持需要不会被他人充分满足。情感剥夺有三种形式：①养育剥夺，即缺乏关注、慈爱、温暖和陪伴；②共情剥夺，即缺乏理解、倾听、自我表露和彼此分享感情；③保护剥夺，即缺乏来自他人的力量、指导、引领。

4.缺陷/羞耻

感觉自己在重要方面是有缺陷的、糟糕的、不受欢迎的、低等的、无用的，或者感觉自己在重要他人面前是不可爱的。可能对批评、拒绝、责备过分敏感，在他人面前会感到不自然、不安全，并且爱比较，对自己的缺点感到羞耻。这些缺点可能是隐蔽的（比如自私、易怒易冲动、不可接受的性欲），也可能是社会性的（不被接纳的外表、社交笨拙）。

5.社会孤立/疏离

感觉自己被周围世界孤立，与别人不同，不属于任何群体或社团。

6.依赖/无能力

认为如果没有别人的帮助，自己就不能很好地处理每天的事务（比如照顾自己、处理日常问题、作出正确判断、完成新任务、作出正确决定等）。通常会有无助感。

7.对伤害和疾病的易感性

对随时可能发生的灾难以及自己无法避免的灾难过分恐惧。恐惧的对象主要是：疾病（比如心脏病、艾滋病），情绪灾难（比如"发疯"），外部的灾难（比如电梯事故、空难、地震或成为犯罪受害者）等。

8.纠结/未发展的自我

以正常的个性和社会性发展为代价，与重要他人（通常是父母）过分亲密，有过多的情感卷入；认为如果没有重要他人的不断支持，自己会无法生存或者不会快乐。可能还包括因他人的压抑而窒息、消融于他人的感觉，缺乏充分的自我认同，体验到空虚和不知所措、没有方向，极端情况下会质疑自己的存在。

9.失败

相信自己现在是失败的，以后也肯定会失败，感到自己在成就方面（学业、事业、运动等）都不如同伴。认为自己愚蠢、无能、没有天赋、低人一等、不成功等。

10.权利/夸张

认为自己比他人优越，具有特殊的权利，不必遵守一般的人际互动规则。通常坚持认为自己可以做任何想做的事，不管这件事是否现实可行，不管别人认为是否合理，也不管别人要为此付出什么代价。为了获得权力和控制感（不是为了关注和赞赏）而过度关注优越性（比如成为最成功的人、最富有的人、最出名的人）。有时会和人过分竞争或控制他人：坚决维护自己的权力、把自己的观点强加于人、不顾他人的需要和感受、控制他人的行为以符合自己的愿望。

11.缺乏自控/缺乏自律

拒绝为了实现个人目标、抑制过度的情绪冲动而学会自控并承受挫折，或者在自控和忍受挫折方面存在泛化的困难。常见的表现形式是过分地回避不适感，回避痛苦、冲突、对质、责任、努力等，因此而付出的代价是无法获得自我实现、承诺感和生命的完整感。

12.屈从

为了避免他人发怒、报复或遗弃自己，迫不得已地顺从别人，过分屈从于他人的控制。屈从的两个主要形式是：①抑制需求，即压抑自己的喜好、决定和愿望；②抑制情绪，即压抑情绪，特别是愤怒。

屈从图式常让人觉得自己的愿望、观点和情感是不正确的，或对他人来说是不重要的。他们经常会有这样的倾向：一方面过度顺从，一方面对自己中计被困非常敏感，两种特点的结合通常导致积压的愤怒以适应不良的形式表现出来，比如被动攻击的行为、突然发脾气、躯体化症状、情感退缩、冲动行事、药物滥用等。

13.自我牺牲

在日常情境中，以牺牲自己的满足感为代价，过分主动地满足他人的需要。最常见的原因是：防止给别人带来痛苦，避免自私带来的内疚，与被认为是有需要的人保持联结。它通常源于对他人痛苦的过分敏感，有时会导致个体感觉自己的需要没有被充分满足，并产生对被照顾者的怨恨（与相互依赖的概念有重合）。

14.寻求称赞/认可

以牺牲发展稳定、真实的自我为代价，过分在意他人的称赞、认可和关注。他们的自尊感主要来源于他人的反应，而非自己的自然状态；有时为了获得称赞、尊敬和关注（而非权力或控制），会过分强调地位、外表、社会认可、金钱和成就。这种图式通常导致个体在做出重大生活决策时并不是出自真心，不能给自己满足感；而可能出于对拒绝的过分敏感。

15.消极/悲观

长期关注于生活中无处不在的消极方面（痛苦、死亡、损失、失望、冲突、内疚、怨恨、未解决的问题、可能的失误、背叛、可能做错的事等），较少关注或忽视积极乐观的方面。通常会夸张地预期工作、财政和人际情境方面最终都会出现严重的错误，认为现在似乎还不错的状况最终也会变得糟糕；过分担心会犯错，担心因此陷入损失、财务危机、羞辱或其他糟糕情境。他们夸大了消极结果的可能性，所以通常会表现出担忧、警惕、抱怨和优柔寡断。

16.情感压抑

为了避免不被认可、羞耻感和对冲动的失控，而过分地抑制自发的行为、情感和语言交流，通常包括以下几个方面：①抑制愤怒和攻击；②抑制积极冲动(如高兴、爱情、性兴奋、玩笑)；③难以表达脆弱，难以表达自己的情感、需要等；④过分强调理性而忽视感性。

17.苛刻标准/吹毛求疵

认为必须在行为和成绩方面努力，达到极高的内化标准，以避免被批评。这样常会带来压力感和紧张的生活节奏，也表现为对自己和他人苛求过多，因此必然有损于快乐、放松、健康、自尊、成就感和令人满意的关系等积极状态。苛刻的标准通常表现为：①完美主义，过分关注细节，低估自己已经超出一般水平的成绩；②在生活中许多方面的刻板规则和"应该"，包括不现实的高道德观、伦理观、文化观和宗教观；③过分关注时间和效率，总想完成得更多。

18.惩罚

相信人们犯错就应该受到严厉惩罚，对那些没有达到自己标准的人(包括自己)往往会很生气、不耐烦、无法忍受、想要惩戒。因为不愿意考虑符合情理的环境因素，不愿意体谅人的不完美，不愿意共情，所以总是难以原谅自己和他人的错误。

容易吸引自恋者的八种典型信念

你可能发现自己与身边的自恋者在某些图式上是相互匹配或类似的，这些图式可能产生于相同或不同的背景，而你们之间的差异在于应对图式的方式不同。例如，假设你母亲的图式是屈从和自我牺牲，她似乎就是那种毫无脾气的老好人，总是要避免冲突，不仅习惯于对人慷慨给予，而且拙于表达自己的需要和诉求。当她成为被关注的焦点时，就会无来由地产生罪恶感；而只有在负担过重、疲惫不堪时，或在特别在意的事情上受到压制时，她才会偶尔表示不满。你在这样的母亲身边长大，目睹她如何屈从于别人，包括屈从于那些不懂规矩的人，很可能你也会沿袭这一图式。只要有自恋者按下你内心的图式启动键，你就会用让步的行为，将自我牺牲图式和屈从图式表现出来。这种反应类型在女性中最突出。

不幸的是，这种应对方式反而会使我们试图逃离的图式被固化下来。越是让步于自我牺牲和屈从的信念，默默忍耐，助长自恋者的坏习惯，就越会强化这些让我们陷于困境的信念。然而，这并不是你的错，这一切都是自动化的结果，如果没有足够的觉察、理解和练习，它就会持续出现，像太阳每天从东方升起一样理所应当。

与自恋者打交道，很容易激活某些典型的图式。我们希望用下面的清单帮助你明白，图式驱动的信念和行为扼制了我们为自己发声的能力，倘若我们听之任之，就阻断了治愈这些问题的机会。

- 自我牺牲：你很难毫无内疚地索要你想要的东西，一不小心就觉得自己不配拥有。而自恋者使这个过程更艰难了。你的心被撕扯于自责和怨愤之间。

- 屈从：你总是很难站出来表达自己的观点，争取自己的权利。自恋者可能会恐吓你、强迫你，让你吞下愤怒、否认己见。

- 遗弃/不稳定：你害怕被拒绝，害怕孤独，所以会忍受自恋者的缺点和恼人行为。

- 缺陷/羞耻：你总觉得自己有很多缺点，不讨人喜欢，所以当自恋者批评你时，你轻易就认同了他的批评，接受他的指责，认为他不开心是由你的错误造成的。你经常觉得自己需要检讨和改过。

- 情感压抑：你习惯于控制自己的情绪、情感。当有情绪产生时，你过分隐忍和自控。自恋者可以自由地爆发情绪，而你只是在一旁以沉默应对，心里难过但绝不会表现出来。

- 情感剥夺：你不相信自己能遇到一个满足你情感需要，真正爱你、理解你、保护你、关心你的人。自恋者正好符合你的这一预期。他会让你感到悲哀，但是也让你觉得一切都在预料之中。

- 不信任/虐待：当自恋者伤害你或对你施虐时，你们之间的关系模式就像是你过去经历过的某些场景的重现。你知道该怎么忍受他，不太可能去抗争。即便你试图抗争，多半还是以让步结束。

- 苛刻标准：你会极其努力地扮演好一切角色，包括作为伴侣、朋友、兄弟姐妹或职员等，因为你相信别人期望你如此。对自恋者也是一样，你致力于符合他的标准，不惜为此牺牲自己的快乐，违背内心的意愿。

自恋者持有的八种典型信念

下面是自恋者的典型图式，以及他们是如何与自己的图式抗争，如何为此做出过度补偿的。自恋者一般不会屈从于图式，而是采取逃避策略。

- 情感剥夺：他认为没有人会满足他的需要，没有人会仅因为他是他自己而爱他，因此他必须戒除对任何人的需要，必须力求完美、成功和自给自足。

- 不信任/辱虐：他相信人们对他好都是因为对他有所企图，他回避真正的亲密关系，总是高度怀疑别人的动机。

- 缺陷/羞耻：在内心最深处，在不被知觉的层面，他认为自己不值得被爱，并对自己有羞耻感。但他绝不会让这种认识浮现到意识层面，为此，他会沉溺于成瘾性的自我抚慰行为（包括工作成瘾），要求别人对其杰出表现持续而夸张地赞赏，以及追求享受特殊待遇。

- 屈从：他坚信，人要么被控制，要么控制他人，而他选择后者。

- 严苛标准：绝不可以顺其自然，这是对伪装面具背后的缺陷感的威胁。为了把事情做得完美，他必须牺牲自己的快乐，没有可以放松警惕的时候。当他的所作所为无法影响事情的结果时，他会十分不安，不知所措。

- 权利/夸张：这是自恋者的标志性图式。当被特殊对待时，他会觉得自己很了不起。规则对他不适用。他有不切实际的浮夸之梦，有自我膨胀的优越感。这种状态对缺陷感也是极好的掩饰。

● 缺乏自控：他拒绝接受限制，不能容忍不舒服。自恋者想要什么就必要得到，无论现实情况如何，无论需求是否合理，他都必须要即刻满足，不能容忍片刻等待，更加不能容忍被拒绝。

● 寻求认可：他会持续寻求别人的认可、关注，追逐地位。这通常是对孤独和缺陷感的过分补偿。

自恋者的信念是如何发展出来的

与自恋相关的图式通常形成于以下情境：一个孩子在成长中总是遭到家庭成员的批评和贬低，他感觉不到自己有任何被爱和被关注的价值，于是发展出缺陷/羞耻图式。同时，因为养育者未能给予足够的关爱、理解和保护，他还发展出了情感剥夺图式。此外，父母期望他以迎合父母的标准、压抑自身需要的方式，来照顾父母的自尊，他由此感觉自己被控制和操纵，于是还发展出不信任图式和屈从图式。在人际关系中，没有一个重要成人体谅他的痛苦，为他修复因父母的剥夺和批评而造成的心理伤害，他内心承载着孤独和羞耻感独自长大，"没人会满足我的情感需要，我浑身毛病，不值得被爱"的想法根深蒂固。这一图式论调被无限地重复，扭曲的信念被孩子牢牢内化。

在整个童年时期，与这些经历相关的痛苦感觉一再重复，很快就被打包为一个文件夹，收藏在大脑之中。这份文件夹中隐藏着可以用来界定自我、预测未来和周遭世界的不可撼动的"真相"，这就是他的图式，是建构情绪的蓝图。当他成人后，有一天他走进一个满是生人的房间，这看上去极为普通的小事激活了他的图式，他打开脑中那个文件夹，通过里面的信息预测到，自己将会被眼前这群陌生人评判、忽视和拒绝。

　　一个人在年幼时，为了摆脱环境带来的痛苦，可能会形成一套应对技能，这套技能不利于他建立健康的人际联结，却使他能够在空虚和孤独中茁壮成长。这些应对技能常常会包括以下三种保护性的面具。

- 完美主义：苛刻标准图式的标配。
- 报复霸凌：权利图式的标配。
- 逞强吹牛：寻求认可图式的标配。

这些信念如何影响行为

　　作为人性的一部分，在面临危险、受到威胁之际，我们的大脑会自动产生"战或逃"的反应。这么说其实不是很准确，人们实际上有三种应对危险的反应：一是战，即反击；二是逃，即从危险面前跑掉，或者说是回避它；三是待在原地不动，向威胁让步或者投降。当图式被触发时，我们也会产生威胁感，继而引发某种应对反应，以防被图式控制。然而，与内心幻象之间展开的斗争，注定会让我们陷于泥潭：此刻的情境勾起图式中的记忆，身体和大脑对此产生共鸣，我们感到被威胁，表现出强烈的消极情绪、负性思维、生理唤醒和自我挫败的行为倾向。然而，人们完全意识不到这个心理过程，当引起联想的刺激物出现时，我们一般只会意识到威胁迫在眉睫。

　　例如，设想工作主管来到你的办公桌前，脸上有一种不明所以的表情。如果你有缺陷图式、遗弃图式或者不信任图式，在感觉到别人脸色不好时，你就会倾向于往坏处想，预测自己将会被拒绝或者失去什么。在这种情境下，你会猜想他是在生你的气，因此，你的肠胃顿时就扭结起来，心跳加速，脑中有个声音在说"我肯定是要被解雇了"。即使你有敏锐的理性思维和现实检验能力，即使毫无证据指向你应该被解雇，你仍然感觉胃里不舒服，无法消除这种恐惧，因为图式的反应潜伏在理性解释的表面之下。就像感染不是一次能治好的，第一轮来自现实的信息也无法对图式进行有效干预。你最终可能发现自己的消极预期都是毫无根据的，然而一旦图式被激活，就如同登上一辆刹不住的车，完全失去控制。你甚至已经意识到图式激活带来的不安是一种熟悉的感觉，让你有所联想，但这些感受究竟源自何方却仍旧让你茫然。

当敌人出现时，我们的大脑已经准备好发射防护导弹。在我们的讨论中，图式就是这个敌人。然而讽刺的是，我们越是想要躲避这位掠食者，实际上就越可能回到它的爪牙之下。接着前面的例子说，你看到主管脸上有种奇怪的表情，感觉大难临头，想要摆脱这种不安，逃到安全地带。于是你发现自己倾向于逃避任务，心不在焉，工作不在状态，频繁出错，且在与同事的互动中也散发着负能量，这一切最终把你推向了真正危险的境地。你可能由于业绩下滑，或因为采取回避和分心的应对方式而受到惩戒处分。因此，假如你有遗弃图式，对于自己可能失去的东西过于夸大，那么尽管你刻意躲避这种感觉，也往往不奏效，最终还会老调重弹。(回想一下前面的例子。在丈夫不得不出差时，那个有遗弃图式的女士极其恐惧，不切实际地要求丈夫保持联系，以获得持续安慰，这样反而会损害双方关系，结果适得其反。)

在比较极端的情况下，如果在工作中，恐惧和相应的自我保护措施成为长期的行为模式，那么等着你的很可能就是被解雇。这是自我实现预言吗？不是。这是命运的讽刺吗？不是。我们是被习惯奴役的动物，被内隐冲动诱导，不知不觉总会被引到自己熟悉的感觉上，哪怕这是我们想要逃避的痛苦感觉。我们要做的是停止躲避子弹，除非能确认它们是真的子弹。然而停止习惯性行为，就意味着对抗直觉，这并不容易。

我们时刻准备为生存而战，但却未必总能辨别什么因素真的构成威胁。与自恋者打交道带来的最大挑战是，我们的理智被拐走，感觉自己永远面临被猛兽追击的威胁，或永远被监禁在漆黑孤寂的洞穴中。这是被图式扭曲的感知，并非真正的威胁，对两者进行区分特别重要。要想做到这一点，需要把内隐的感受外显化，不仅从认知的层面，更要从情感层面去感受自己的内在动机。在第五章里会提供一些练习，教我们如何使用正念技巧区分现实和假象，以及如何驾驭动机及相应的反应。

路易斯今年58岁，他的例子体现了自恋者常陷于其中、难以逃离的图式困境。路易斯有缺陷/羞耻图式，童年经历使他深深地感觉到自己不够好、不值得被爱（但他对此并无意识）。他与妻子弗朗辛已经结婚三十二年，育有二子，均已成家，孩子们居住在外地。两年前，路易斯从财富100强的企业退休。作为一个事业成功人士，路易斯在业界饱受尊重和敬仰，也挣了不少钱。弗朗辛是一位教师，她很享受自己的工作，至今还没考虑过要退休。

弗朗辛希望我能对路易斯做些心理工作，她今后也可能与路易斯一起参加咨询。看得出来，弗朗辛对路易斯有深厚的关爱和理解，这都要归功于她自己接受了心理治疗，并投身于多种心理自助实践。这些经历加深了她的自我认识，也使她学会了主张自己的权益。在这些知识技能的武装下，她知道该怎么应对路易斯三十年来一以贯之的严苛、自私、回避和粗鲁无礼。她也看清了自己长期以来的顺从和被动，这不仅体现在与路易斯的关系中，在其他人际关系中也有体现。

不幸的是，即便弗朗辛如此热忱地积极努力，现实仍一成不变。这次，如果路易斯不同意参加治疗，她将准备与他分手，且已对此发出最后通牒。对于治疗，路易斯其实并不陌生。此前他拜访过咨询师多次，但每次治疗都坚持不了多久，往往不是弗朗辛收回了自己的抱怨，就是路易斯用不依不饶的讥讽和恐吓吓退了咨询师。但这次弗朗辛开诚布公地告诉路易斯，如果情况没有好转，那么自己只有离开他。听闻我是冲突关系和自恋方面的专家，弗朗辛把我当作拯救他们婚姻关系的最后机会（她这么说不是有意要给我压力）。

路易斯富有魅力，从头到脚穿着光鲜、价格不菲。他很聪慧并受过良好教育，经常骄傲地提到自己对经典文学作品的海量收藏。他喜欢提起自己认识的名人的名字，借此显示自己的地位。一周中他有四天会打网球，剩余时间打高尔夫，在网球场和高尔夫球场之外，他主要是独自活动，比如阅读、上网或者管理投资组合。他为数不多的朋友大部分是通过弗朗辛认识的，那些网球和高尔夫球球友们都是他以前生意场上的熟人，他与这些人之间鲜有私人化的接触，顶多是在体育运动上相互竞争，或者谈谈投资和政治。儿子们也会给他打电话，但主要是寻求商业建议，再者就是借钱。路易斯很想念儿子们。

路易斯希望弗朗辛赶快退休，这样他们就可以多多出去旅游了。他对弗朗辛的工作热情十分不解，甚至侮辱和贬低她，告诫她要离开这份"低端"的事业。但现在让路易斯担心和恼火的是，弗朗辛竟然威胁要离开他，而且看起来很认真的样子。这是第一次到了不得不改变的时候。

自恋者可以改变吗

变化的杠杆有很多，比如潜在的或已实际发生的重大损失（如爱人威胁要离开）、身体状况欠佳、退休、工作终止、财务窘迫、惹上官司、孤独抑郁带来的痛苦（可能来自于与他人的隔离）。有了这些杠杆，自恋者才可能看到自己的问题并想要改变。诱因对改变也有帮助，虽然不容易培养。对自恋者来说，摆脱羞耻感、获得与他人安全的联结、拥有归属感、不再背负需要无休止证明自己价值的沉重负担，这些固然都是好事，然而由于他们没有可以借鉴的经验，对于如何达成人际联结毫无概念，因此会觉得这些诱惑性的目标遥不可及，甚至难以想象。我经常对自恋者说，"你之所以没有改变是因为痛苦还不够强烈，或者除了名声和荣耀，你还没有找到一个值得追求的东西"。路易斯在之前的婚姻生活中都是如此，但是现在，他在成人以后第一次面临这么大的痛苦和恐惧，大到可能会促成变化的发生。

在社交场合中，路易斯的图式很容易被激活。比如当他与往日的商界同事杰克一起打高尔夫时，为了避免羞耻和被拒绝的感受，路易斯很容易进入寻求认可的模式，他会装腔作势、滔滔不绝地夸口自己在俱乐部里有多高的地位和等级。杰克刚开始还饶有兴趣地倾听，甚至觉得他讲的内容和他讲话的气场都挺牛。但时间长了，杰克就开始厌倦、不胜其烦，甚至开始想"他以为他是谁？""不过是个自我中心的无聊之辈！""有谁来帮我脱身？""我真不想再听了！"路易斯，这个被缺陷/羞耻图式牢牢控制的人，就这样制造了自己最想逃离的场景：拒绝与不被认可。缺陷/羞耻图式被激活后，他的内心自动化地决定要用炫耀行为来逃避，这么做适得其反，使图式得到进一步强化。这个过程被我们称为图式的自我延续。

你可能会问，路易斯这种自讨苦吃的模式仅是个案，还是所有人类都像这样无望地陷入被习惯性信念摆布的泥潭？都不是。为了获得改变的力量、增大改变的可能性，我们需要好好了解一下大脑这个精妙而复杂的装置，了解天性（先天因素，如性情）与教养（亲子关系中的安全感）如何作用于人的大脑。

儿童精神病学和家庭动力领域的专家、人际关系神经生物学的倡导者丹尼尔·J.西格尔（Daniel J. Siegel）提出，儿童依恋经历会直接影响其情感、行为、自传性记忆及个人叙事。他出版了一些具有影响力的书籍，涉及对这些主题的讨论，包括《心智成长之谜》（2001）、《由内而外的教养》（Siegel & Hartzell，2004）、《觉知的大脑》（2007）等。虽然西格尔的研究焦点不在自恋上，但他的理论对理解这种人格有很大贡献。

西格尔的工作得益于他对依恋、神经生物学、亲子关系和正念意识的理论研究，以及他对心理、人际关系和大脑的令人信服的观察。他在人际神经生物学方面的发现创设了一个全新的路标，可以用来解释为什么人们会对外界产生扭曲而功能失调的反应，也为个人成长和改变的可能性提供了依据。作为人体最深不可测的迷宫，大脑究竟是如何被精妙地组合集成起来的？西格尔对此提供了富有启发性又易于理解的说明。他与杰弗里·扬一样，也将研究的指针指向亲子关系中的安全感水平，同时也结合了对儿童天生能力的考量。

西格尔的研究还可以帮助我们了解大脑如何以其无限的功能和非凡的深度，在短短几秒钟内，让我们陷入被记忆驱动的心境中。比如在去办公室的路上闻到的面包房飘出的香味，可以立即把你带到对奶奶和她做的美味苹果派的温情怀念中。大脑还有一种再现情绪的能力，被拒绝的经历虽然被压抑在记忆深处，与之相伴的悲伤却很容易被提取出来。例如，周六晚上在餐馆里，身边的丈夫边吃饭边研究菜单，时不时还瞄一下手机，你想跟他聊天，设法引起他的注意，这一刻，悲伤突然袭来，因为在潜意识里你忆起小时候父亲总是忙于工作，无暇关注到你多么需要一个拥抱。你还可能经历过，在驾车时，收音机里飘来的一首歌突然把你送到另一个时空，那时你仍在初恋或是刚失恋，突然间你百感交集，思绪万千。你不一定会知道自己为何如此，因为从记忆档案库里提取文件还是需要一点时间的，而我们的大脑总是跑在理智的前面，把你当下所见、所闻、所感的一切与过去的经历关联起来。大脑是超级联想大师，但它对人、事、地点的判断未必总是对的。这有点像配对游戏，我们把图片正面朝下放着，然后一次翻开两张，试图寻找相同的两张图片。大脑时刻准备查找你的记忆文档，也就是你个人经历的资料库，试图搜寻那些经历过、观察过、储存过的与当下有关联的事情。

人的想象、直觉、学习和逻辑思维等心理过程都离不开记忆提供的资源。我们的大脑空间既是稳定的，也是在时刻变化的。因为有记忆在，我们能够适应新环境、学习新事物，能为所经历的事情赋予含义。大脑一直在追寻熟悉和稳定的感觉，于是它持续不停地问："这是什么意思？"——当然你意识不到它。当你在一条熟悉的路上开车，要感谢记忆为你提供的便利，正是它使你能在开车的同时听着收音机、喝着咖啡，几乎不用关注左右路况。你熟悉这条路，与道路相关的信息会自动从资料库中被调取出来，为你服务。但如果突然遇到绕行标志，你会放下咖啡，调低收音机音量，提高注意力。你全神贯注地注视前方，直到一个路标把你导向熟悉的地段，你顿觉放松，呼吸都轻快起来。这个例子说明人的大脑总是在试图寻找熟悉和可预测的事物。我们都是快乐的追逐者，努力依靠大脑的带领摆脱不适，重归熟悉的老路。

不过这与自恋有什么关系呢？我们在生活中学到的各种经验，连同内在动机、行为倾向、人格特质，都被分门别类地存放于大脑的记忆文件夹中。文件夹涉及各个方面，比如有的被命名为"我每天该如何工作"，有的则是关于"我该如何应对一个时刻需要被赞美、喜欢碾压我、凡事都正确的人"。所以当你在周一的办公室遇到一位自恋先生时，你对他的预期和你的反应，其实在记忆文件夹里早已预设好了。但是，你完全可以主动激发大脑去寻求一条不同的反应路径。

有位来访者告诉我，在酗酒者互戒会上有一种说法："所谓愚顽就是一次次重复同样的行为，却期望看到不同的结果。"你当然不属于愚顽之辈，但有时我们的确也会感觉到自己无论怎么努力，事情的结果还是一成不变。在过去经验的笼罩下，要敏锐地觉知当下并尝试新的做法，会让人感觉尴尬、不自然。假如你是一个从不搅局的讨好型的人，可能很难想象除了自己熟悉的行为，还可以有什么不同的做法。过去的经验是如此强大，以至于它掌控了你对人对事的所有反应，但它未必适用于此时此地。因此，假如过去有人曾恐吓你，让你相信自己的观点不重要，应该保持沉默，那么这个说法现在未必成立；就算在过去，它也不成立。可你当时只是个孩子，形成信念和选择反应的能力都有限。可能作为孩子，你当时的选择已经是最好的了，但现在你已成人，完全可以做出新的选择。

我们都会被自己的记忆引导，包括外显的记忆（可以生动地回忆起来的内容）和内隐的记忆（我们不知道自己记得，但实际上记得的内容）。这一观点印证了杰弗里·扬提出的图式理论，据此我们可以知道，生命主题驻扎于大脑的外显和内隐记忆里。事实证明，在我们意识不到的情况下，图式或生命主题被上好发条，存放于内隐的存储器里。一旦它们被触发，我们感觉到自己的身体、情绪、认知都发生了变化，但可能意识不到是哪些记忆激发了这些变化，甚至意识不到是记忆在作祟。在这种状态下，我们像孩子一样毫无招架之力，于是只好启动了那一套设计精良的用以逃离威胁的机制。

生活在图式被激发的状态下，就如同生活在一个叫作"曾经"的地方，在那里，人生早年的感受再次出现，掩盖了当下的现实。当我们感到危险或受到威胁时，通常会采用熟悉的策略来驱赶恶魔、抚慰灵魂、重塑形象。我们大脑的衣橱里有很多过时的道具服装，它们可以用来装点我们的精神状态，掩饰我们内心的不安。受到威胁时，人们会摇身一变，有的变成复仇战士，有的变成行善者或正义化身的传教士，而另一些人则会变成病态的完美主义者或势不可挡的智者，当然，有时我们也会以健康的成人身份出现，基于此时此地的现实做出理性反应。

路易斯在这样的家庭里长大：爸爸为人严苛，而妈妈热衷于社交。作为家里四个孩子中的老大，在爸爸公务繁忙之际，都是他陪伴在母亲左右。路易斯很聪明，又擅长运动，得到周围成人的大量赞誉与关注。因为他是最大的孩子，母亲的心思又不在子女身上，所以路易斯在做人方面受到的引导比较少。他从小就相信自己是独一无二的，任何问题都是"别人的错"。

父亲告诫孩子们，在公开场合，他们绝不可以用不够完美的分数或者表现让他丢脸；他还宣称，任何害怕或者难过的表达都是懦弱的表现。于是路易斯坚韧地承受了无数个独自在家的夜晚，自己做功课，自己练习他讨厌的单簧管，而此时，父母正带着弟弟妹妹在外面享受冰淇淋或其他美食。路易斯一直被告知，他是要做大事的，他不是一般人。孤独逐渐成为他最熟悉的状态，无论是一个人还是在人群中都是如此。他的社交技能不佳，这也不奇怪，因为他不追求这些，他的榜样都以"成就"和"自律"著称。在这个家里，也没人为他提供一个给予共情或建立情感联结的榜样。

在青春期，路易斯与女孩子相处时会感到尴尬。他有着根深蒂固的羞耻感，但这种感觉被内心的吼叫掩盖，这个声音在说："我才不在意这些！没人值得我浪费时间。"于是他以追求学业成就和其他满足虚荣心的个人活动来分散自己的注意力。用不了多久，包括"情感剥夺""缺陷/羞耻""不信任""权利"和"寻求认可"在内的多种适应不良图式，就成为他内心世界的底色。

像许多有类似问题的人一样，路易斯选择为自己创设了一份能够自我满足的生活，期望避开幼年时曾经历的孤独与渴望。但是无论路易斯多想保持平静麻木的状态，多想躲开那份关心自己贫瘠灵魂的责任，大脑却像是一名不知趣的酒店客房服务员，为了叫醒他持续不停地按响门铃。人类天生注定要与他人建立爱的联结，无论图式摆设了多少路障，大脑都想奋力跨越，以达成目标。

亲子依恋领域有大量研究对此提供了支持性的证据。路易斯就是这样，他反复按下大脑闹钟的静音键，若无其事地带着无可挑剔的伪装在生活中努力进取。他提醒着大家（包括自己）自己取得的成就，并继续追求更远大的目标。不过独自一人时，他会沉溺于自我抚慰，以驱赶被压抑在面具之后的"窝囊废"的感觉。他对"凡夫俗子"和"无关紧要的闲谈"都缺乏耐心，这种粗鲁的行为会伤害到本来可能会爱他，并期望被他爱的人，但他本人意识不到。路易斯生活在一个超凡卓越的世界里，在这个世界里任何平凡的经历，或与平凡的人、事、地点的互动，都会激起他无助、渴望、自卑和自轻自贱的混杂情感。小时候，是父母要求他披上超凡卓越的披风，如今，这一外部要求已经完全被他内化为自发行为。

本章小结

在天性的基础上，早年人生经历极为戏剧化地塑造着我们对周围世界的感知、信念及反应。人类受控于自己的习惯，因此无论我们多想摆脱它，早年适应不良图式还是像回旋棒一样，一再把我们带回此处。了解大脑精妙的运作机制会让我们认识到改变不易，但同时也可以确信改变是可能发生的。若能知晓记忆在生理上的特点及其引起的效应，那么在寻求改变的道路上，遇到诸如羞耻感和自责之类的障碍时，我们就更有可能找到出路。

如果你身边的自恋者愿意寻求专业帮助，我建议您找一名擅长共情面质的治疗师，在治疗中，治疗师必然要对自恋者受伤的部分进行重塑。如果你自己想要寻求专业帮助，治疗师应该会陪伴你挖掘自身图式，清除通往果断和自信的路障；还应该能帮助你克服对改变的抗拒和对旧习的顺从，使你在与自恋者互动时做出健康而明智的选择。以我的经验，上述做法可以消融内心长期存在的羞耻感和绝望感，不仅对你如此，对自恋者也一样。你将在理性、共情、自我担当的基础上建立真实的自我，而自恋者也将学会与人建立联结，学会倾听和接纳，并承担责任。以上治疗取向可以提高伤口愈合的可能性，帮助你和自恋者找回各自被放逐的那部分孤独的自我。

第三章 为何陷入自恋者圈套的总是你？

在了解了自恋的起源、表现方式以及相关的图式后，让我们把镜头对准你，这段关系的接受方。在自恋者的魔咒下，你可能无法看清自己的头脑和身体里发生了什么。在与这位不好相处的人的关系中，你也许感到无能为力或心怀不满。但值得安慰的是，你并不是唯一一个发现自恋者很难相处的人。在我的临床实践中，境况类似的来访者会反复问下面的问题：

- 我怎么了？我是一个受虐狂吗？

- 我怎么会允许自己如此愚蠢？

- 我为什么会被这种难相处的人吸引？

- 我是活该如此吗？

- 为什么总有这种难缠之人找上我？

- 我额头上写了"门垫"二字吗？

- 为什么我就不能勇敢地说出来，告诉他……

我们很难在关系建立之初就识别出"有毒"的互动模式，尤其当身边总是只有自恋者时，就更难做出冷静的判断。即便你感觉到他有些令人讨厌，但在成长过程中，你的脑中也许已被植入这样的信息："情况很糟糕，但是你要去应对它。"假如身边这位自恋者恰巧是权威人物，例如你的老板、上司、教授，甚或是爱人，你的反应更会如此。你不是愚蠢，也不是活该，额头上也绝对没有任何自我挫败式的标签。自恋者经常表现得富有魅力和智慧，他似乎能催眠你，让你总会在他越界的时候选择宽恕，而很难为自己发声。但这样你付出的代价将会很大，与他相处一段时间之后，你会被训练得深谙外交艺术，确切地说，你会经常选择沉默。

假如我们有双舒服的旧鞋子，就算它已经很破，不再有弹性，也不好看了，我们还是不愿意扔掉它，因为它跟我们的脚很贴合，它记住了我们的脚后跟、脚背、脚趾是什么形状，我们可以穿着它走很远的路。这有点类似于我们与别人的关系及我们与人相处的方式。当我们面临困境时，会本能地依赖自己熟知的、在大脑中已经程序化的自动反应模式，只有出现"鞋不跟脚"或太过疼痛的情况时，我们才会感受到抑郁、焦虑和紧张，才会想要打破原来的舒适圈，修一修旧鞋子，或者干脆扔掉旧鞋换新的，哪怕新鞋子刚开始也有些不舒服。

我们对这个世界的早期体验——从躺在婴儿床上看到人脸在上空时隐时现，到攀爬到母亲的膝盖上寻求安慰，再到在操场上与小伙伴谈判以获得认可和接纳，这些经历提供了许多想法和感受。我们一路收集，并将之贮存于记忆库中，供未来作参考。想要再现这些回忆是轻而易举的事情，比如当你哭泣、大笑、恐惧、愤怒时可能会发生什么，以及该如何应对，都可以轻松地被调取出来，因为类似的体验多次重复，结果也总在意料之中。总之，在人生早年的经历中，作为无助的小生命，我们从数不清的失望和情感的妥协中获知了人生之苦，但在此过程中也为自己装备好了生存指南。

我们很快就明白了对世界、对他人、对自己可以做出何种期待。大脑这个设计精良的建筑园区面积宽敞，为思想、情感、行为和身体感觉都提供了足够的空间。它有无数个房间供我们居住，而过去的经验就如同心灵的礼宾员，小心翼翼地引导着我们从一个房间移步到另一个房间。

这些特质让自恋者吃定你

让我们再回顾一下第二章讨论的十八种图式，再辨识一下自己的图式。图式以群集形式出现很常见，一般来说，适合一个人的图式会有好几种。在与自恋者有密切交往的人群中，常见的图式群集有以下几种：不信任和屈从图式群集，缺陷和严苛标准图式群集，遗弃、情感剥夺和自我牺牲图式群集。下面我们对这三种图式群集逐一进行讨论。

乖乖配合，才能保护自己

如果你的自传讲述的是一个小孩被利用和被虐待的故事，那么你很可能拥有不信任图式和屈从图式。若有人对你施加操控和辱虐，你的反应大抵就是屈从，掩藏好真实情绪，乖乖按照指令行事。在你年幼时，身边可能没有一个能够保护你的人，这种反应的确是让自己存活下来的唯一选择。现在你已成人，若有自恋者想要控制和要求你，同时又批评和贬低你，你旧时的回忆就会被点燃（发生在你的意识之外），与之相伴的习惯性反应也会显现出来。

儿时形成的自我保护机制让你在面对控制和虐待时偃旗息鼓，乖乖配合。但是要知道，这套机制已经出了问题，那些长期排练的动作急需调整。时过境迁，习惯性的信念和反应已经不合时宜，但它们还是牢牢抓住你，逼你就范。于是你压抑了自己的声音，让渡了自己的权利。

做到完美，换取认可和关注

如果在你身上结合了缺陷图式和严苛标准图式，那么幼年的经历很可能使你相信自己不值得被爱、不够好、有缺点。因此，你可能会竭尽全力想要做好、做对，以避免批评、获得认可、享受爱的关注。

在此时此地，如果生活中的这位自恋者总是批评你、拒绝你，你就会加倍努力去表现，来证明自己是个完美的朋友、伴侣、同事或者兄弟姐妹。但不幸的是，你这番舞蹈所应和的音乐并不是来自于当下，而是记忆乐团中一个遥远的鼓手演绎的过时节奏。

没有需求，就不会成为负担

如果你成长的环境中没有人可以真正让你依靠，如果你爱的人离去或不能给你真正的理解、关爱和支持，你就可能会发展出由遗弃、情感剥夺和自我牺牲混合的图式。这类图式和信念的形成可能源于父母酗酒、离异，或丧失养育者等状况带来的不稳定生活，也可能源于父母情绪太过抑郁，无法为孩子提供充分的关心照料。

天生的性情和幼时的经历共同作用，使你总是放低自己的需要，而将关注点放在照顾别人上。假如你总觉得自己是父母的负担，对他们的不满和期望极其敏感，那么你往往会特别努力地想要讨好他们（和其他所有人），心甘情愿地成为他们的垃圾桶而不求回报。对被剥夺或被遗弃的任何不满，都被永远占主导地位的罪恶感消融掉了。

因此，在与自恋者打交道时，你就如同在一条狭窄的由蛋壳铺就的小径上行走，小心翼翼地把自己的需要隐藏好。你总是害怕失去这个人的认可，害怕不小心点燃他本来就很短的导火索，于是不停地让步，成全他的需要，牺牲自己的需要。直到有一天，你的理智回来了，意识到自己的诉求，你的内心充满了怨愤，默念着战斗檄文"你置我的需要于何处"。然而不幸的是，你的反抗似乎是个圈套，只是为自己招来了自恋者更猛烈的打击，然后，电光火石之间，你熟悉的那个背负罪恶感的奉献者人设又回来了。

你如何与自恋者结成"共谋"

在与自恋者的互动中，除了忍气吞声之外，还可能出现这种状况：你被他惹恼，于是用欺凌、挑剔和威胁的方式来还击。然而，当你用最唬人的声音咆哮时，你在这场战斗中的真正对手不是自恋者，而是一个游荡于记忆库中的敌人。你感觉到自己的"按钮"被按下，于是投入反击和防卫。但是要知道，对抗暴虐、控制和压迫，宜采用真诚果断的表达来自我辩护，不宜用鄙夷、挑剔和自以为是的态度来进行自我防卫，两者具有截然不同的效果。

让我们暂时回到第二章的路易斯案例。当路易斯向妻子弗朗辛发起他一贯的侮辱性攻击时，弗朗辛感受到他的刻薄无情，还感受到自己的情感剥夺图式和自我牺牲图式被激活了。不过对于后者，她是间接知觉到的，是下巴发紧、肚子不适、脸发烫之类的身体反应向她传递了信号。她听到内心的声音说："我厌倦了不停地操劳和付出，却从未得到回报。我从来没有满足过自己的需求，也永远不会得到满足。我受够了！"于是，弗朗辛带着强烈的怒气坚决反击，她大声宣称："我一直是个好妻子。我已经尽力了，但是你永远不会心存感激。你毫无人性，你才是那个失败者！"她摔门离开客厅，直奔卧室，独自又哭了一会儿。乍一看，弗朗辛是在勇敢地向自己的奇葩老公开火，我们可能会为她加油说："姑娘，好样的！"

然而，故事情节继续展开。路易斯的表情从惊愕转为耸肩一笑。如果你能钻到他的脑子里，会听到他在说类似这样的话："她又来了，肯定又是每个月的那几天……激素失调。好吧，肯定会过去的。她最终会发现还是我说的对。这女人见识短浅，很难看清什么是真相。"岂有此理！

弗朗辛的努力接近了目标，但不幸的是，她没能告诉路易斯自己在双方关系中的孤独和被误解的感受，没能说明自己不能接受那种暴躁的语气和被羞辱地对待，没能声明自己今后也不会再忍气吞声，没能控诉他无理的要求和指责，而是投入了一场与幻影之间的战斗。那时她还是一个惶恐的小女孩，妈妈离开了家，爸爸总是工作到很晚，她必须牺牲自己的需要来照顾好妹妹。那个小女孩现在突然叛逆、据理力争，她的控诉对象其实是自己长期秉持的信念——"我必须忍气吞声"。无论她的感受有多么合理，她的表达只是掉进了旧模式中，并没有满足当下交流的目的，对路易斯的回应没有立足于此时此地的现实。如果弗朗辛想要积聚新的能量，她就必须舍弃这些不再能服务于她的想法和行为，这样才能与路易斯这个难以相处的家伙展开一场基于此时此地的对决。值得关注的是，几乎没有人能像自恋者那样，如此善于按到别人的"按钮"。

我并不想说没有沟通好是弗朗辛的错误。虑及路易斯是她最具挑战又最重要的关系对象，她已尽其所能。她很努力地相信自己的重要性，相信自己不再需要去证明什么。她想尽办法争取与路易斯达成情感上的互惠。自从他们相识以来，彼此付出和回报的比例就是不平衡的，她也已经意识到了自己在这其中的责任。她一直小心翼翼地牺牲自己，屈从于路易斯，指望他某天幡然醒悟，感激她的良苦用心，因为这种想法，他们的关系发展到今天这步田地。

作为一名收入很低的教师和两个孩子的母亲，弗朗辛多年来一直感觉自己受困于陷阱中。因为在破碎的家庭中长大，她致力于保持家庭完整，不想让孩子也承受这种悲伤。支配她的就是责任感和对悲剧重演的恐惧，因此她绝不会像自己的母亲那样一走了之。很长时间以来，她感觉自己如此忍辱负重，简直就是被责任绑架的牺牲品。现在她开始挣扎着多给自己一些慈悲，因为生活给出的选项那么少，自己一方面有恐惧和压抑，另一方面还对这个一再让她失望的丈夫心怀挚爱，这一切真是太不容易了。

像许多自恋者的配偶一样，弗朗辛相信路易斯内心仍有良善。她见证过他是如何笨拙地挣扎着向自己表白，见证过在面临生离死别、病痛和抑郁之际他是如何照顾自己的。她知道他所有的故事，对他被放逐的那部分脆弱的自我抱有深深的同情。然而，这不是她的责任，甚至帮助路易斯改变也不在她的能力范围之内。她有可能手持手电筒带一会儿路，用她的坦诚和示范对路易斯的最终选择产生影响。但如果路易斯在亲密、互惠、尊重和同理心方面没有任何起色，弗朗辛不打算没有限度地承担起这个沉重负担。

弗朗辛从未向路易斯承认，陷入这种失调关系的部分原因在于自己有些心理问题没有被处理好，只表明现在她不想再玩下去了；而路易斯则没有被要求对自己的行为承担责任，自恋问题专家尼娜·布朗（Nina Brown，2001）写道："每个人都会时不时感到自己很独特。事实上，我们坠入爱河或被某人吸引的原因之一就是对方让我们有这种感觉。但是一个过度追求独特感的人，要求每一个人时时刻刻都要让他感觉到自己的独特；如果别人没有做到这一点，他就会不高兴甚至气恼。"人格障碍专家、心理治疗学家桑迪·霍奇基斯（Sandy Hotchkiss，2003）写道："对于自恋者来说，各种竞争都是彰显自身优势的方式，当然他们只在胜券在握时才会参与竞争。"

因此，路易斯可能不会知道，弗朗辛理解他因为怕丢人、怕显得懦弱而不愿公开表达自己的需要和愿望；他可能也不知道，弗朗辛愿意与他更多地亲密相处，却无法拥抱一条喷火龙；但他知道妻子在恳请被温柔和公平对待的过程中会激动地哭出来，而他只要抛出性别差异理论，再加上对无家可归女性的悲惨渲染，就可以让她偃旗息鼓。在"不理会其观点、不体会其痛苦"的这场游戏中，他长期以来从未失手。

在争吵中，路易斯没有听到弗朗辛受到了多大的伤害；不知道即便弗朗辛理解他并无恶意，也需要他对自己言辞的影响承担起责任；不明白就算弗朗辛知道自己爱她，也不是就万事大吉了。因为一旦冲突降温，他总是能够看到一切照旧。其实不仅是对弗朗辛，对他生命中的大多数人，路易斯都是玩这类游戏的高手。贝丝是为他工作了十年的助理，按照她的说法：即便人人都能确切无疑地判断你身上这件衬衫是绿色的，路易斯也有办法让你怀疑这一点。他的私人教练比尔也提到：路易斯每次迟到时，都力图辩解是健身房的刻板规定有问题，而不是自己的时间管理能力差。

弗朗辛、贝丝和比尔有什么共同特点，使路易斯能在与他们的互动中如此势不可挡、所向披靡，让他们经常体验到恐吓、委曲求全和让人幻灭的自我怀疑呢？尽管路易斯的性格是一个重要因素，但弗朗辛、贝丝和比尔各自的图式也都发挥了一些作用。下面让我们具体看看贝丝和比尔的情况，看他们有什么共同特点。在阅读他们的故事时，请你也尝试从自己与自恋者的互动中寻找类似的要素。

教练比尔

比尔不仅受制于路易斯，更受制于自己的失败、屈从和缺陷感。路易斯丰富的词汇量、深沉洪亮的嗓音，以及拉伸和休息时随口自夸的财务成就，都在刺激比尔的图式。他害怕被路易斯拒绝，怕路易斯觉得自己不够聪明、不懂健身房的政策，于是他总是不敢说出自己的判断。

与路易斯打交道，勾起了比尔小时候在校园里的记忆，那时他因为跟不上那些更有攻击性的孩子，而总被他们嘲弄和欺负。一旦有竞争局面发生，在涉及到选择"行动或是闭嘴"时，比尔都会选择"闭嘴"。在比尔的生活中，没有一个成人来指导、支持或保护他，因此"闭嘴"对他来说可能是一个不错的选择。比尔的父亲是一位工作狂，很少陪伴他；母亲在他童年时就病得厉害。比尔的祖母告诉他，他是个好孩子，就是有点软弱，就像他早年过世的祖父。所有这些来自童年时代的不和谐旋律，继续在比尔32岁的大脑中回荡。当年为了躲避危险而形成的自动化反应，此刻又浮现出来，让他忘记自己是一名超棒的私人教练，忘记自己深受同伴和客户的尊重，忘记就算他希望留住路易斯这个客户，也不至于如此忍让他的不敬和傲慢。此刻的他不幸被某些旧时熟悉的气息和感觉控制住了，被囚禁在了童年故事的前几章。

行政助理贝丝

贝丝是一位四十四岁的女性，她在为路易斯带来许多名望和财富的公司里一路晋升。作为一个聪明而勤奋的人，贝丝在工作和家庭生活上都慷慨地投入了很多时间和创意。尽管她受过高等教育、工作成就突出，但在面对强大的权威人物时，贝丝的自我却很容易被消解。路易斯就是这样一个人物，她的父亲是另一个。

贝丝成长于小城里的一个大家庭。她是五个孩子中最小的一个，是父亲关注的焦点。对年幼的贝丝来说，想要找到一个藏身之处以摆脱父亲永远注视的目光，不是一桩容易的事情。她的父亲也同样要求贝丝投注给他大量关注，并会拒绝贝丝提出的合理而普通的需求。他要求贝丝在所有事情上都做到最好，这个要求不容动摇。贝丝在青春期的时候，开始萌发斗争意识，当她与父亲有不同意见时，会力陈自己的主张，勇敢而清晰地央求爸爸让她过正常女生的生活。然而这些挑战父亲"智慧"的莽勇，换来的总是父亲的不悦和责备。因为贝丝很享受父亲的喜爱，令父亲不悦带给她罪恶感，于是她最终放弃了自己的主张，重新回到仰视父亲权威的姿态，牺牲自己的需要以维持父亲内心的平静，而这也正是她母亲的一贯行为。

在整个早年求学阶段，贝丝获得了很多赞誉和赏识，包括高中毕业典礼上作为毕业生代表发表告别演说、大学时代获得优秀学生奖学金。她时时忆起毕业那天，当她带着方顶帽、穿着学位袍路过父亲身边时，看到他那骄傲的眼神。作为移民，父亲的梦想就是看到孩子们上大学，过上比他更好的生活。在一次简短的面谈中，她告诉我："在那一刻，我觉得所有的孤独都值了。不能自己挑选衣服也好，错过的那些聚会、约会、电影也好，牺牲这些换来成为父亲期望的样子，换来这一刻他脸上的幸福，一切都值了。"

看到这里，你可能会问：这个故事有什么问题吗？这个故事的问题在于"失衡"，贝丝缺少一个被真实界定的自我。贝丝坦言在她的情感中，感受不到真正的自我。她强烈地想要活成别人期望的样子，只有这样她才能从内疚感中暂时逃离出来。她甚至害怕女儿会继承她这方面的特点。即便现在，当她在社交场合遇到路易斯时，仍能感觉到自己胃部收缩、喉咙发紧，仿佛时刻准备着对这个强大的主人行屈膝礼，时刻准备着赞同他说的每一个字。

治疗师温迪

好了，现在轮到我出场了。在治疗初期，路易斯有个雷打不动的习惯，就是总会迟到五到十分钟，然后在面谈结束时要求我为他延长时间。他会说："为我延长五到十分钟有什么大不了的吗？我看你跟别的治疗师没有什么区别，甚至跟律师也没有区别。就跟做生意似的，时间到了，钱用完了，就赶人走。我需要的时候，就应该延长几分钟。"有时，他会无视我的要求，在我宣布这次面谈结束之后还依然滔滔不绝。因为许多治疗师都有自我牺牲图式或屈从图式，或两者兼而有之，遇到这样的来访者必须要硬着头皮去设定界限、加强自我主张，这着实是个挑战。

我此时按捺住对路易斯这种特权意识的愤怒，抵制住由于自己不让步产生的些许内疚。我了解路易斯年少时的状态，知道他是为了寻求被关爱的感觉才要追求特权，于是利用这一认识并结合他这些年的经历说道："路易斯，如果你觉得我为面谈设定时间就是不关心你，那么请记住，你只是在为我的时间和专业付费，而我的关心是免费的。但是你不能强迫我关心你。坦率说，当你像刚才那样对我说话时，我很难感觉到自己还关心你。我怀疑弗朗辛和你的儿子们是不是也会有类似的体验。"

在交流中我试图向路易斯传递这个信息：我不认为这是他的错，但认为他应该为自己的行为负责。我说："我理解，过去从没人教你怎么忍受失望和沮丧，相反，你被引导着相信自己比别人优越，理应享受特权，甚至有人告诉你规则都是为别人制定的，不应该约束你。所以路易斯，你有这些表现不是你的错。但是为了拥有自己渴望的人际关系，你要调整自己的行为和信念，否则就会一直把人们从你身边赶走。让我们再试一次，请你告诉我，当我说今天的时间到了，你有怎样的失望感觉。"

路易斯设法让自己目不转睛地听完，叹了口气，有点艰难地回答："面谈时间过得太快了。有时——好吧，是经常——我想在这里多待一会儿，讲完一个想法，或者再告诉你些其他的事。你说停就必须停，让我感觉很沮丧，觉得像是被你拒绝或是控制了，即便我相信你肯定是想要帮我的。"我感谢他有如此勇敢而开放的态度，并向他表示，考虑到他的生命主题以及治疗关系固有的局限性，我完全理解他的感受。

我问他："路易斯，你刚才讲那番话时有没有不自在？"他回答："非常不自然，我需要好好思考才能把它们说出来。说这些很没劲，也挺烦。"这样说完后，他竟尴尬地笑了一下，意识到自己表达出的傲慢。我告诉他，这是一种他不熟悉的方式，即要密切关注听者的感受，也要关注自己下意识的感受，对此他一定很不习惯。路易斯同意我的判断。我还告诉他，每次因为时间到了要让他离开，我也不太容易说出口，但是如果我不这么做，后面的来访者就要等着，对他们也不公平。然后我又提醒他，如果我感觉到他在无视我的权利，甚至对我的意图有不公正的批评，我就很难再去关心他。路易斯点点头，看样子他是听进去了。最后，兼顾面谈时间的有限性和他这方面的脆弱性，我们一起微调了日程表，路易斯也同意尽更大努力准时参加面谈。

在针对自恋者的图式治疗中，杠杆对于治疗效果至关重要。杰弗里·扬认为："治疗师应该努力使患者与他们的情感痛苦保持联结，因为一旦痛苦消失，他们很可能就会离开治疗。治疗师越能使患者意识到自己内心的空虚、缺陷感和孤独感，就越能将他们保持在治疗状态中……治疗师也要关注患者自恋行为带来的负面后果，比如被爱人拒绝或事业上的挫折……自恋者愿意坚持治疗的主要动力来自与治疗师的情感联系，再就是对他人报复其自恋行为的恐惧。"（Young，Klosko，& Weishaar，2006）

为了改变，你可以做什么

练习：不推脱地承担重任

准备好承担蜕变的重任了吗？即使被图式影响不是我们的错，但作为成人，我们要对自己今天的行为负责，你能接受这一点吗？迈出这一步虽然让人有些恐惧或者难以承受，但同时也意味着我们为潜在的变化打开了一扇门。下面的练习可以帮我们检省自己的图式和应对模式，探索健康且坚定自信的新应对模式。这么做不仅对我们自己有好处，也有助于改善与自恋者的关系。在下面的练习中，还需要考虑如何设置对自恋者足够有力的改变杠杆。

示 例

你的图式：遗弃、缺陷、自我牺牲和屈从

图式带来的影响：我接受别人的谴责，认为自己有很多缺点，坚信最好的做法是放低自己的需要、保持安静，不要表达主张，如果说错遭人唾弃，将会孤独终老。

你的应对模式：让步、回避

真相：这不是我的错，我们对冲突都有责任。我能承担责任。另外，我丧失自我、不为自己发声、与丈夫没有真正的联结，这些已经让我够孤独了，不必害怕更孤独。

健康的自我主张宣言：我再也不能接受这样被人对待。就算你不是故意要伤害我，这些行为也绝不可以接受。

杠杆：我知道丈夫不想失去我，我要跟他谈谈我想要离开的这个选项——不是威胁，如果我们之间再无改变，这就是我必然的选择。

采用上面示例的结构，拿出一张白纸，写下你自己的图式和应对模式，考虑你所面临处境的真相是什么，认真构思属于你的"健康的自我主张宣言"——这份宣言既不会屈从于自恋者，也不会恶意攻击他。最后，花些时间琢磨可以制造和利用什么杠杆，促进身边的自恋者开始改变。

除非有不可思议的魔法，关系冲突的发展只有这几种结果：关系终止、维持现状、形成新的失调状态、以健康的方式解决。如果希望关系继续，最后一个显然是最佳选择。但要得到这个结果，即便你们双方愿意改变，仍需对此过程的艰辛有充分认识，并有坚持下去的决心。不过请放心，你们不会有任何损失。挑战是有些令人生畏，但修复的可能也是真实存在的。

大脑具有可塑性，因此我们的人格也不是一成不变的。心理健康专家和大脑研究者提出，有意识地聚焦于此时此地，富有洞察地倾听和真实地表达，是一条有效的改变路径。丹尼尔·西格尔用术语"即时性交流"来描述这种方法："在即时性交流中，信息接收者会以开放的胸怀，调动所有感官来聆听对方。他的反应也取决于对方实际的沟通内容，而不是基于先入为主的刻板认知。"（Siegel & Hartzell，2004）

西格尔还以亲子关系来说明"感觉被理解"的本质："当我们发出信号后，大脑会时刻准备接收他人对这个信号的回应。接收的回应被融入关于自我感知的神经地图中……因此他人的回应不仅是对我们发出信号的反馈，而且含有对我们的看法，这样才构成有意义的交流。通过这种方式，孩子觉得父母能理解自己的感受，就如同他们能钻到自己心里一样。"（Siegel & Hartzell，2004）这是多么抚慰人心的联结，感觉自己的感受被真正地理解，感觉自己被另一个心灵精准而安全地拥抱。

本章小结

若彼此形成"被理解"的联结，我们就有机会实现思想和情感上的转变，进而对自我价值及与他人的关系形成新认知、采取新行动。这种联结让我们有可能摆脱与过去相连的自动反应，发展出新的习惯。因此，现在我们的任务就是与身边的自恋者建立这样的联结，他们可能是我们的老板、同事、家庭成员、邻居、朋友、配偶或恋人。

上述关系对象中，后两个通常最难改变。一方面由于这两种关系相对更加重要，另一方面是因为你们的图式在对方面前更为根深蒂固。但是，通过建立更加"被理解"的联结，你就可以打开自我修复之门，并可以利用自己储备的技能改善与自恋者的关系，或若不能改善，也可以限制甚至终结关系。为此，以下各章将帮助你提高认识、积聚勇气，并保持热情，同时也将教给你与自恋者打交道必要的技能。

第四章　冲破禁锢，从改变沟通方式开始

我们已经对自恋有了大体的了解，包括自恋的界定、起源，自恋者的心理状态，以及它如何影响自恋者本人的生活、如何影响必须与之打交道的人的生活（对此你应该再熟悉不过了）。除此之外，前三章也介绍了一些来自不同心理科学领域的相关背景知识，基于这些知识我们可以制定出改变与自恋者关系的策略。这一策略包括四个阶段。

1. 观察阶段　观察在自己和自恋者的交往中，标志着关系特点的具体行为、反应和互动方式。

2. 评估阶段　通过观察和反思，更准确、更冷静地评估你们之间的关系动力。

3. 识别阶段　通过评估，识别出双方引发无效反应的图式，并进一步辨识各自惯用的应对模式。

4. 区分阶段　基于对图式和应对模式的识别，区分出由记忆或性情驱动的行为，和由此时此刻的现实情境驱动的行为。基于此，可以帮助

双方都释放出真诚、坚定、可信的声音。

在寻求转变的过程中，日记是一项颇有助益的辅助工具。记日记能够起到抚慰心灵的作用，还能帮助你从新的视角审视不良的人际交流模式，为你提供一个表达真实想法、预演人际互动的场所。在上述四个阶段中，日记在区分阶段最有帮助。将脑中涌现的偏见想法和偏激情绪付诸笔端，你就可以更清晰地观察它们。我们以下面的例子说明这四个阶段的历程。

1.观察阶段　在这个阶段你注意到，在与自恋者的关系中，你负责给予，他负责索取，而且常常是不顾及他人地任性索取。对于没做好的事情，你倾向于自责能力有限，而他则倾向于找寻借口或是归咎他人。

2.评估阶段　你已经看到这份关系里的失衡，也为自己感到不平，可能还体验到焦虑和绝望。你很熟悉这些感受，因为它们与你早年的某些生活经历发生了共鸣。

3.识别阶段　基于对早期适应不良图式的认识，你意识到在这些被放大的情绪背后是情感剥夺、缺陷、自我牺牲和屈从图式。你联想到自己在童年时没有得到足够的支持和情感滋养，总觉得自己不够好，这使你想通过努力和付出，建立一座保护自己的坚固堡垒。渴望得到爱和认可但又得不到，是一种痛苦，且这种渴望本身也让你感到羞愧。但如果有了这座堡垒，痛楚就都会被挡在外面。除了分析自己之外，你也可以利用前面学到的知识分析身边的自恋者，如果知道他的童年往事更好，你也可以连点成线，识别出他的图式，并看到其惹人讨厌的行为背后的固定模式。

4.区分阶段　分得清过去和现在的不同，就是"区分"的艺术。区分使人的思维和身体都活在当下，活在此时此地。现在，我们已经对卷入关系动力中的彼此的图式和应对模式都有所了解了，可以试着放下武器，你会认识到，自己不再是无能为力的孩子，而是一位有能力坚持立场的成人，因此不再需要躲藏、抱怨或屈从。

提醒自己"此一时，彼一时"

过去的记忆传递信息给此刻的你，大脑的自动反应机制被唤醒，它敏感地辨识着情境中的威胁要素，并带着你驶向安全地带。回想在第三章里，我们看到弗朗辛、贝丝和比尔的早期适应不良图式都受到路易斯某些行为的激发，进而表现出各自的应对模式。随着时间的推移，加上治疗师的引导，他们都学会了识别自己在面对路易斯的"顽疾"时，由内心深处的共振引发的身心不适之感；也都学会了将这种熟悉的痛苦与存档于陈年旧事中的图式联系起来。他们很快就发现，这些熟悉的感受在激活了图式的同时，也驱使着他们自动采取那些驾轻就熟，但毫无成效的应对行为。

练习：为什么自恋者会激活你的图式

如果你还没有确认自己的图式，请翻回第二章，花点时间回顾一下列表，看看是否能够找到最准确代表你生活模式的图式。记住，因为要找的是早期适应不良图式，所以它必须是根植于童年或青春期的。另一方面，尽管它可能在大部分时间里都是休眠的，但当你此刻读到相应的文字时，会产生很真切的感受。在确定你的图式后，请把它们列在一张纸上，并开始下面的练习。因为在练习中需要再现过去的情境，所以开始之前，请先完整地通读一遍以下的文字，熟悉整个过程。

1. 找一个安静、无人打扰的地方，舒适地坐下来。闭一会儿眼睛。试着去回忆一个童年时期的痛苦事件，这件事涉及某位监护人、兄弟姐妹或是同龄人。请你指定自我的一部分来放哨，令它敏锐地观察你的脚是否牢牢踏在地上，是否安全地锚定在此时此刻的当下。有了这一位哨兵，你就可以允许自己回望过去，关注在回忆起那些艰难事件时浮现的想法、情绪和感觉。事件过程中究竟发生了什么？你是如何处理的？你能不能回忆起当时心里期望发生什么？你最深处的渴望是什么？如果回忆的时候感觉痛苦，提醒一下自己事情已经过去，你只是在回忆而已。

2. 慢慢地深吸一口气，再缓缓地完全呼出。擦掉这件事留下的图像，但是保留住充斥在头脑和身体中的那些想法、感觉和情绪。让它们继续和你在一起，用轻柔的呼吸抚慰所有铭刻在你心灵之墙上的痛苦联想。

3. 你已经对痛苦的想法、情绪和感觉有所觉察，也体验了如何用呼吸来减轻它们对你的影响，现在请在脑中勾画身边那位自恋者的样子，看自己能否"穿越"到一个令你不安或苦恼的、与他互动的情景中——发生过的或是想象的都可以。在脑海中让画面尽可能生动，关注这个充满细节的场景带来的想法、情绪和身体感受。如果能控制结果，你会希望发生什么？你内心深处的渴望是什么？

4. 缓慢而轻柔地呼吸几次，吸气……吐气……然后睁开眼睛，给自己一点时间，重新融入身处的现实中。对放哨的那部分自我表示感谢，是它让你扎根于当下，从而没有在刚才的旅途中迷失。

在完成这项练习之后，对比一下在第一个场景（童年记忆）与第二个场景中你的想法、情绪和身体感受。它们是相同的还是有所转变？在两次想象体验中，心理状态的差异程度体现了你在观察、评估、识别和区分方面的能力水平。在这些想象的情境中，意识聚焦于内部体验，使你看到图式的力量，看到当图式被当前的情境激活时，那些旧有的、适应不良的应对模式有多么根深蒂固、难以更改。

在对比两种情境下的想象体验时，你是否看到了某种相同的模式？在那些童年的经历之后，你的内心渴望有没有改变？改变了多少？你仍然在渴望什么？有什么阻止你实现这些渴望？这里有很多问题值得思考。你可以花点时间，通过写下相应的想法和感受来整理思绪。这样做的好处是，当我们以后回顾时，就可以清楚地衡量自己的进步程度。

最后，请再看一下你的图式列表。你是否已经精确地识别出了对生活影响最大的图式——那些可能正在暗中干扰你人际效能的图式呢？如果答案是肯定的，恭喜你；如果没有，也不要担心。这是一项复杂的任务，过去经历和行为模式可能有多个层面，有待逐层慢慢打开。继续读下去吧，下面还有更多内容能够协助你探索自我。

有时你的图式在没有惊动哨兵的情况下被悄悄地激活，它经常发生在意识范围之外；也有很多时候，你成功地躲过了图式激活，能根据现实需要，以明智的拒绝或机敏的反击应对这个不好相处的人，即使你很难如此，也不要担心，你不是个例，因为这些善于挑衅的家伙好像拥有激活别人图式的诀窍。前面我们已经内省过自己的生命主题和应对模式，虽然它们已经不再适宜，不再能把你武装起来对抗侵犯，不再能防止你滑入认命屈从的深渊，但它们仍能发挥宝贵的线索作用，昭示我们的认知和感觉状态，是指明通往健康解放之路的必要路标。

回想在之前的练习中，当你想起过去的痛苦回忆时体验到的强烈感受：你陷入悲惨的记忆，头脑和身体里的感觉膨胀起来，逐渐扩张，但它对你发挥的影响其实与当下情境完全无关。此时此地，你只是在独自安静地坐着，眼睛微闭，什么也没有发生。这就是图式的威力，它们被编织到感官系统中，一旦被激活，就会引发强烈的感觉。

感官系统牵扯到肌肉、神经系统和内脏。当图式被激活时，以下生理反应就会组合出现：

- 心跳加速
- 血压升高
- 体表温度升高
- 呼吸急促
- 额头或手掌冒汗
- 胃部不适
- 喉咙发紧或有堵塞感
- 口干舌燥
- 嘴唇发抖
- 手、脚、腿发麻
- 颈、背、关节突然僵硬
- 头晕
- 流泪
- 嗜睡
- 身体局部疼痛或麻木
- 头脑一片空白
- 五官变得敏感或迟钝

为什么会产生这些生理反应？因为图式勾结了我们的感官系统，使身体和头脑之间的信息相互传递，发出让你启动自我保护机制的内部警报，但可惜这常常是假警报。不幸的是，大脑很容易上当，它很难区分胃痛是由病毒引起的，还是由与自恋者马拉松式的拉锯战引起的。不仅如此，它还会把这两种不适都与你在小学一年级时的那次难忘的胃痛联系起来：那时，老师威胁你，如果再忘记带制服帽，你就会被投入地狱之火。不信任图式的种子就在这样的事件中被埋了下来。

当你受到某种刺激而感觉反胃时，若不能明辨原因，就会感到困惑、紧张；相反，只有分清原因才能做出明智应对。如果你将胃不舒服归因于生理因素（这周我们办公室里的同事都生病了，我觉得恶心是因为我也被传染了，不是因为有什么危险要降临），就可以将自我怀疑放在一边，只要让自己好好休息就行了；或者，你意识到了非生理性的诱因（每次与同事雪莉打交道时，我都会感觉胃不舒服，因为她总让我想起小时候扬言要把我扔到地狱中的玛丽老师），在这种情况下，你可以鼓足勇气，以坚定和确信的态度与雪莉抗衡。要成功地做到这一点，必须让大脑下载一个新咒语：此一时，彼一时。我们会在第五章提供许多工具，帮助你区分此时和彼时，用这条咒语开启新生。

练习：预测故障并激活雷达

我们已经知道图式是如何暗中激活痛苦情绪和身体感觉的，你可能很希望学习如何切断这种自动反应。这个练习建立在前一个练习的基础上，仍需要你想象与自恋者艰难互动的场景，在相对舒适和安全的独处状态下想象比立即与自恋者面对面互动带来的压力更小。该练习也可以让你以积极的、富有同情心的内部对话，获取新的体验，并客观审视自己的图式。

1.想象下次面对身边那位自恋者时的情景。这是在什么时间？什么地点？你们在什么情境下相遇？

2.想象你们互动中可能发生的所有人际挑战。

3.尽可能考虑所有能帮你预测自己感受的因素：让你们凑到一起的这件事的重要性、你在此类情境中通常会表现出的敏感程度、这类状况的先例等。从外围的干扰因素到最糟糕的可能，考虑一切能想到的状况。

4.专注于身体的感受和脑中涌现的想法，将知觉的雷达指向你最脆弱敏感的部分——寻找隐藏在降雨区里的深红暴雨点。

5.如果感觉会说话，它们会说什么？比如，如果你有缺陷图式，又习惯于用惩罚的模式来应对，那么僵硬的脖子可能在说："你这个懦夫，你连自己都保护不了。"好好关注体验到的感觉，听听它们在向你说什么。

6.以你智慧而慈悲的内心声音与这些感觉对话。比如可以说："小时候总有人让我感觉自己不够好，但这根本不是事实。我那时只是一个小孩，年幼胆怯，没有能力站出来保护自己。现在又产生这种感觉，只不过是因为图式被激活了。与过去不同的是，现在的我可以自主选择了，我选择拒绝被这样对待。"

7.在想象互动中，如果能关注到自己的感受如何被触发，那么这种感受就会开始慢慢消散了。假如你想不出驳斥图式的语言，可以求助于朋友、爱人、治疗师，或任何真正了解你的人，请他们帮你一起组织反映现实的语言，表达内在真相。

　　　　　　　关系陷阱：如何与自恋的人相处

激活内部雷达后，你就可以扫描内心世界，识别扭曲的图式——那些真相的敌人。之后，你将学到更多沟通技巧，并有更多机会演练如何与身边的自恋者打交道。

识破诱你上钩的骗局

我们说过，自恋者永不懈怠地以其迷人的魅力和具有魅惑性的机智捕获着周围人的感官。他会让你觉得自己被他"选中"不容易，你一定是很特别才能引起他的注意。可是当你开始在他的咒语下逐渐自我膨胀时，却同时也在黑暗中偷偷寻找着出口的标志。你被带到房间中最好的座位来观看他的浮夸表演；作为回报，你应该一直捧场、适时点头、适时大笑，持续表现得兴致盎然，响亮而频繁地鼓掌，但永远不要期望与他一起登台。

五类惯用诱饵

自恋者的魅力是超级诱人的。这对他来说是一个有效的工具，使你在上钩之前绝不会想到去衡量关系的潜在代价。下面举例说明自恋者常用的微妙而经典的诱饵和操控手段，这个清单有助于我们更清楚地洞悉自己与自恋者的关系动态。

● 玩消失：自恋者向你保证他将永远关注你之后，就变得遥不可及。当你对此感到不满时，他不会解释，也不会悔过，反而会指责你的自私任性。

● 引蛇出洞：自恋者在热情地征求了你的想法和意见后，便会开始以污蔑性的批评对待你的回应，并贬损你的自尊。

● 化身博士：自恋者会抓住机会成为你的英雄，在其他人对你不公时，他会挺身而出，提供保护。但如果你胆敢打断他说话或质疑他的观点，他将毫不留情地以刺耳而倨傲的语言对你施加毁灭性的打击。

● 给伤口撒点盐：自恋者会出人意料地带着一卡车的玫瑰花现身，使你主动原谅他过去几天的愚蠢行为。你报以爱与感谢，却最终发现他的得寸进尺、贪得无厌使你无法令其满足，于是你只能暗自在自责与恼怒之间咬牙切齿。

● 魔鬼代言人：自恋者就像辩论俱乐部的主席或手握木槌的法官一样，他邀请你进行对话，但对话很快就变成了他一个人冗长而激昂的演说。在这个过程中，无论你的反应是什么（忽略、反击、恳求甚至屈服），他都置若罔闻。

这些操控手段听起来是不是很熟悉？如果每一条都符合你遇到的情况，请不要绝望。很多与自恋者打交道的人都认为这五条是相互关联的。请记住，自恋者对自己和身边的簇拥者，有着超高的严苛标准。因为体验着深深的羞耻感、孤独感和不信任感，他们非常需要赏识、认可、控制、胜利及对其非凡的承认，自以为是的行为只是这些需要的一种表现。

五种情感操纵

很显然，自恋者认为自己没必要与我们这些凡夫俗子遵循相同的规则。他们一再重复着这些不公平的引诱和操控行为，不仅如此，还绝不允许别人质疑其行为的妥当性，也不给人通过协商寻求解决方案的机会，这使得跟他们打交道难上加难。在被剥夺了公平协商的权利之后，人们很容易产生以下反应：

- 不安全感：当自恋者表演"玩消失"的伎俩时，他的心情阴晴不定，他的行为反应难以预测，可能会让你感到孤单和不安全。这种感觉有时会把你带回小时候的回忆，当时养育者与你之间也有类似的不稳定的关系。

- 威胁感："引蛇出洞"式的操控是非常可怕的，就如同有人温柔地诱骗你把脚伸到水里，你这样做了，却突然被食人鱼一口咬住。这种操控与某些童年经历的场景相似，比如父母鼓励你在菜单中挑选自己想吃的菜品，继而又对你的选择批评指摘。于是，你就学会了如何在字里行间的微妙之处读出"正确"答案，即便这不一定是你的真心答案。

- 怨恨：当自恋者从杰科博士转变为可恶的海德先生❶时，你会讨厌他的优越感、自私和从不妥协。尤其当他十五分钟前还像英雄似的保护你时，你的厌恶感会更加强烈，因为你突然意识到，他对你表现出的支持和英雄式的保护根本不是源于在乎你。这种感觉就如同在你小时候，妈妈在招待她的朋友时偶尔把你也叫上餐桌，你感觉很开心，因为妈妈需要自己，把自己也纳入了她的社交生活。但很快，你就意识到这不过

---

❶ 典故来自英国作家罗伯特·路易斯·史蒂文森（Robert Louis Stevenson）创作的短篇小说《化身博士》(Strange Case of Dr. Jekyll and Mr. Hyde)，其中的主人公具有双重人格，善良自律占主导时为杰科博士，邪恶放纵占主导时化身为海德先生。——译者注。

是她的一个设计，这样她就可以享受朋友们的恭维，让朋友赞叹她在培养儿女的工作上获得了多么出色的成果，而你扮演的角色不过是为她举起聚光灯，配合她进行"年度最佳母亲"的表演。

● 气愤：自恋者在你的伤口上撒盐，为什么他还是那么有魅力？为什么你每次都会陷入对他的迷恋？这并不是因为你愚蠢，而是因为被照顾、被温柔对待的感觉实在是太好了。你感动于自恋者的暖人行为，铤而走险重新去爱他，却发现自己亲吻的那个迷人王子不过是一只青蛙。你为自己生气，不明白自己为什么一次又一次被他的小伎俩蛊惑，主动跳入意料之中的泥坑。你也许还会联想到幼时与父母的互动，那时母亲难得一见地为病中的你洗澡，你品味着这种让你受宠若惊的关爱，但很快母亲就开始抱怨照顾你有多辛苦，让她睡不好觉，你瞬间就掉进了内疚的陷阱里。

● 无力感：魔鬼代言人式的操控起到的作用是帮助自恋者强化自己独一无二的感觉，同时也使你感到无能为力、倦怠衰竭、必输无疑。如果跟他争辩，他会跟你耗一夜，没完没了地宣扬自己的观点，享受自己的声音。有时，这种无能为力的感觉会把你带回小时候，那时父母或其他监护人希望你乖乖听话不作声，遵奉他们至高无上的观点，于是你学会了管住自己的嘴巴。

在这些场景中，你当然希望保护好自己，但最终却总是毫无招架之力，陷入气愤、害怕、怨恨、无能为力、缺乏安全感的情绪状态中。为了解释这一点，我们有必要再来看看大脑的工作原理：当大脑感觉到威胁时，皮质下区域（脑干和边缘系统，包括杏仁核）就会被激活，接收到对威胁的评估，并将信息传送到身体，产生痛苦感，为行动做好准备，例如释放肾上腺素等兴奋性激素；而你的求生机制能做出的反应非常有限，无非是逃开、与之战斗，或被吓傻，僵在那里一动不动——在图式理论中，它们分别被称为：反抗、回避和投降。有些人的反应取决于所面临威胁的性质；而另一些人却不然，他们总是用相同的反应应对所有的威胁。这一切发生在面临真正危险的瞬间或生死攸关之际，对动物（包括人类）极具生存价值。

丹尼尔·西格尔据此提出了"低端路径"功能的概念，即在威胁来临时，前额叶皮层的较高级功能可能被自动切断。前额叶区域就如同大脑的首席执行官，它可以帮你舒缓思绪、调节身体反应，并进行理性思考，从而清晰地洞察当前发生的事情。依赖于低端路径就意味着我们丧失了这些较高级的执行功能，因此，当你在夜里感到地板震动时，就无法判断出这只是热水管的轰鸣，而不是有坏人闯进来在楼梯上潜行。与自恋者打交道就可能会激活威胁感，让我们在低端路径中徘徊。一想到又要与这位"自恋大人"狭路相逢，我们的感觉就如同看到一辆公交车迎面驶来——心悸、头痛、口干舌燥。但如果有足够的觉察和反省，我们完全可以调整和控制行为，不必跟从自恋者的舞步，而是充满信心地表现出真实的自己，实现自我价值感（Siegel，2001，2007；Siegel & Hartzell，2004）。

夺回沟通的主动权

要想更有效能地与自恋者打交道，你需要调整自己生存系统的编排模式。为了实现这一目标，让我们先来看看典型的"战—逃—僵"反应是怎样的，然后讨论如何调整这些反应，如何基于新的策略最大程度地进行有效沟通。

反抗（"战"的反应）：当你感觉自己被忽略或受到言辞上的攻击时，可能倾向于要"打回去"，此时的内心独白估计是"我要给你点颜色看看"。这种做法带来的结果通常是一场疲惫的战争、一通激烈的口水仗或对手偃旗息鼓。

调整：战士没必要放弃战斗，但你可以在不攻击对方的情况下主张自己的权利。比如，你的内心独白可以从"我要给你点颜色看看"，改为"我也有权利"。

沟通：基于新策略，你可以这样说："虽然我知道你可能不是有意为之，但你的言行让我感觉自己的价值被贬低了。我不允许别人这么不尊重地对待我。如果你对我有意见，可以直接告诉我，而不是用贬损我、无视我的方式来表达。你有权利，我也一样有。如果你能照顾我的感受，我会非常感谢，并且我也会照顾你的感受。"

回避（"逃"的反应）：如果互动局面比较有挑战，你可能倾向于溜之大吉，此时你的内心独白大概在说"我走了，回头见"。但是你越回避，你的对手就越来劲，越变本加厉，最终你会感觉自己被逼进了墙角，动弹不得，孤立无援。

调整：假如你想与争议是非保持距离，这完全没有问题。但是要知道，为了解决冲突，你最终必须还要回来。你的内心独白可能需要从"我走了，回头见"，改变为"我需要冷静的时间"。

沟通：基于新策略，你可以这样说："我知道这个问题对你很重要，

关系陷阱：如何与自恋的人相处

对我也一样。但是我现在感觉有点懵，我需要一点时间理清头绪，然后我们再谈，这样会更有成效。也许你趁机独自想想也会有好处。"

投降（"僵"的反应）：如果你在受到威胁时倾向于束手就擒，觉得逃脱自恋者利爪的唯一手段就是让步、认错、赞同，那么此时的内心独白大概是"你是对的，都是我的错"。不幸的是，你的脆弱和自认不足，将会招致更多的指责。

调整：假如你会自动化地采取"僵"的反应，那么下面的演练脚本将会有帮助，你可以将内心独白从"都是我的错"改为"我不完美，但并不全是我的错"。

交流：基于新策略，你可以这样说："看起来你在为我心烦，当我感觉到这一点时，会不由自主地想要让步或者放弃。我知道这会让你更加心烦，可我不是有意为之。在这种互动局面下，我不太容易保持淡定，不过我在努力加强自信。如果你能对我多些体谅，我会很感谢。在我们的关系中，你也一样负有责任。"

下面三个例子同样示范了真诚、坚定、可信的表达。

例1　当夫妻中的一方试图改变一项既定的日程安排时，他可以这样说："我知道你想要在周四晚上看你最喜欢的电视节目。但往往周四晚上，我们难得都不用加班，其实可以一起做点有意思的事情，比如出去约会。我们是不是可以每个月这样安排一两次呢？如果出门，想看的节目可以录下来看回放。对于周四晚上的活动安排，我们以前经常发生争执，而最后总是我让步。如果你也愿意做些妥协考虑其他选项，我会非常感谢你。我们总是为此争吵，可能就是因为你已经习惯了我的让步，也习惯了让我在选择娱乐活动时接受你的批评。过去我也没有意识到自己有多么不满，有多么期望也能获得你的支持。"

例2　这次的情境是要和主管沟通："开口说出这些对我来说并非易事，因为我长期以来都是按要求做事，哪怕自己并不认同。即使我有时想到了更好的方案，也不敢表达，这可能是因为我太在意你对我的认可了。但今天我想提议一个改进营销策略的方案……我还觉得我们应该定期开会沟通，这样可以及时跟踪确认项目的进展。目前的沟通方式让我感觉自己时常被忽视，有时还会受到不公正的批评，当然我明白这不是你的本意。"

例3　如果过去与自恋者打交道的经历让你怀疑这种做法是不是真的有效，那么卡洛琳的经历可能会让你改观。她嫁给了一位自恋的男士戴米恩，他还有一个自恋的十七岁女儿露西。露西是爸爸引以为傲的小公主，继承了他所珍视的血统和易怒的脾气。她会一直向爸爸撒娇，直到得到她想要的东西，或直到她被免除承担不良行为的责任。露西不守规矩，也不承担任何行为后果，包括对卡洛琳说话不尊重、不征询同意就直接从卡洛琳的衣柜里拿东西、破坏卡洛琳和戴米恩外出约会计划等，为所欲为；露西从来没有表示过感激之意，也从不配合，虽然欠下了无数信用卡账单，但她心安理得。

对于卡洛琳的不满，戴米恩曾粗暴地回应："我的女儿，由我定规矩。没什么好讨论的。"毋庸置疑，卡洛琳感到非常无助。她虽然害怕婚姻破裂，但最终仍然鼓足勇气维护自己在家庭中的权利。她告诉戴米恩，如果不改变这种情况，她就会离开。卡洛琳当时并没有料到，这种自我主张的新态度创造了改变所需的杠杆。开始，戴米恩的反应是他典型的做派，比如他会说："我不在乎！你要走立刻就走！"但是几次后，他同意加入治疗，和卡洛琳、露西一起来解决这些问题。正是因为卡洛琳不再受遗弃图式和羞耻图式的支配，她最终取得了是否要留在这段婚姻里的选择权。

本章小结

现在，我们已经学到如何从个人经历和生理结构的角度理解一个人的图式和自动反应，正是这些图式和自动反应对我们与自恋者的有效互动构成了障碍。我们还练习了如何激活内心雷达以搜寻落入旧习的信号并加以警惕，以及如何处理感官信息。虽然人类本能包含着反射性的生存反应，但我们同时也具有很强的灵活性，本章促使你开始思考如何调整自己的内心独白，并采用新的沟通方式，在与自恋者的艰难互动中勇敢表达真实的自己，让你们之间的关系也因此受益。

在第五章，我们将进一步提高处理感官信息的能力，领悟正念觉知在养成新习惯、提升沟通灵活度的过程中发挥的重要价值。在用真实的声音管理人际关系的道路上，我们将会继续谱写出新的篇章。

第五章　立足当下，开启全新互动模式

　　到目前为止，我们已经花费了不少时间和精力来思考自己来时的路，检视自己的各种人生主题，也了解了过去的经历如何作用于现在时而光彩时而昏暗的人格。我们已经探究过个人经历、行为倾向和图式之间的关联，明白自己与自恋者打交道为什么那么困难，以及为什么总会被他们迷惑或吸引。我们已经能更准确地估计和识别在什么情况下图式会被激活，会以怎样的形式表现。基于对自己和对自恋者的了解，我们也已经为自己装备了一套新的技能，准备用它来开启与自恋者更富有成效、更为真诚的沟通。

　　下一步就是让自己充分体验与自恋者互动那一刻的感受。"左耳进，右耳出"的说法非常贴切地描述了大脑的智能之处：有时我们无意中让一些信息滑走而不被注意到，这么做其实是对自己的一种解放，以免思维和记忆承受繁重的负担。因此，当"全能全知"的自恋者来到你面前，刻薄冷漠地点评你个人生活中的困境，或夸张地炫耀自己的优越（也可能用虚情假意的谦虚对自己的优越感进行拙劣包装）时，你可以按下脑中的"静音"键，关掉图式电源，平静地做一次深呼吸，并要做出判断：这是自恋者的问题，然后继续做自己的事情。换作以前，脑中的噪音会让你感到慌张、愤怒，充满怀疑和无助，但现在烦恼一滑而过，就像蓬松的煎蛋卷从不粘锅中滑出来一样。

揪出助纣为虐的旧习惯

获得成功的重要工具是充分认识到自己是谁，认识到自己如何一步步发展成今天的样子。若要最大程度发挥这些工具的效用，我们还需要先学习一些支持性的技巧。其中最重要的一点就是学会识别不健康的习惯，学会在自己即将落入陋习旧窠之际及时止步。这是开启全新互动模式的关键所在。

人天生就倾向于寻求熟悉的路径，使用自己熟知的、擅长的习惯性反应模式应对外界的刺激。这些习惯有些是健康的、适应现实的，但也有一些会把我们囚禁在煎熬身心的牢笼里。因此，我们要对自己的内心，尤其是脆弱的那部分自我，有足够敏锐的认识，这一点至关重要。自我慈悲也同样重要，在感受到脆弱的那部分自我时，对自己的慈悲同情会让我们调整关注的焦点及反应模式，让我们不要总想着如何应对那些陈旧的信息，譬如"我不值得被爱""没人会满足我的需要""我没有权利""取悦别人是我的责任"之类，而是要把关注的焦点转向更为现实的评价，把自己从长期存在的、由顽固成见造成的痛苦中解救出来。一旦我们拆除或修正了那些有害的思维模式，就要时刻准备好新的、更具有适应性的现实依据，来抵挡图式或激活图式的事件的侵袭，尤其是面对自恋者时受到的挑战。

那么，要怎样才能远离那个旧牢笼呢？我们已经知道大脑的记忆具有惊人的力量，一个人只要有记忆，就一定有需要被管理的图式。但如果我们新发展出的智慧能够承担起一个关爱而理性的辩护人角色，那么图式被激活的概率就会变低，即便被触发，情绪反应也不至于那么强烈，恢复起来也更快。也许，这就是我们能追求的最好结果了，毕竟，谁又能做到一天24小时、一周7天都高度专注保持警惕呢？有时，我们难免又会陷入旧习，感觉自己身处牢笼，渴望被人倾听，想把头埋在枕头里或呆望四壁。在这样的时刻，请记住，这只是一时脱轨，并不意味着你天生无能、注定失败。很快，你就可以把自己从旧牢笼里解救出来，回到当下的现实。

我们来举个例子。比如在某次社交活动上，那个聚会中最活跃的焦点人物记不起你的名字了。这让你陷入一种熟悉的、恐慌而焦虑的心情，你想"我就是个透明人，什么贡献也没有，何不就此闭嘴，不发表任何观点"，你感到心神不宁，甚至还伴有胃部不适。这其实就是一个线索，提示你好好审视、识别这份熟悉的感觉及附着在其背后的信念。你可以花点时间轻微而隐秘地舒展一下身体，做几个深呼吸，聚焦于内心世界，聆听你精心打造的那位内部辩护人在说什么，"他"可以在你跌入迷阵之际告诉你真相是什么，让你想起此刻自己是安然无恙的，目前的反应只不过源于记忆中那些喋喋不休的旧磁带。记住，你有自己的权利和观点，你完全可以好好享受聚会时光，不需要去迎合取悦那个讨厌的人。你要好好照顾自己的内心世界，明智地避开与他的接触，即使他出现了，你也可以让自己的言行忠于真实感受。

我有位来访者，他的咨询问题是想改变自己的隐性自恋和饮食习惯。对于上述问题，他有个很睿智的比喻。我们当时在讨论他寻求赞许的倾向，以及为什么每次他接近那位备受欢迎的同事时都感到不安。他是这样说的："我的同事乔就像是芝士汉堡，这是我想要的，如果他接受我成为他的朋友，我就会感觉自己很棒；但是我知道，自己真正需要的其实是鸡肉卷——因为我已经很独特了，我应该将更健康的人纳入自己的生活圈子。过去，我母亲不知道怎么照顾我，没有让我感觉自己足够好、值得被爱，所以我的图式也认为自己不够好。正因如此，我特别想让乔接受我，想让自己脱颖而出，想要跟受欢迎的人多来往，这都是为了让自己显得不那么卑微。但事实上，乔和我真是毫无共同点，他充其量只能起到为我撑腰的作用。但我不需要撑腰的人，我需要的是朋友。"

培养积极灵活的新习惯

如果你也希望如同这位来访者一样透彻地看待自己，免于落入图式带来的旧习，那么有必要学习正念觉知。前几章的练习中我们已经安排了一些关于正念的初步体验，下面将进一步聚焦于如何发展这一技能。简单来说，正念觉知意味着专注于自己的体验和感受——包括对内部的和外部的两方面。你要有意地启动感官系统，将关注投向你选择的任一领域。正如我的朋友，一位富有才华而备受推崇的作者及职业生涯教练劳拉·福尔特冈（Laura Fortgang）所言："正念就是知觉到一切，却又对什么都不确定。"我特别喜欢这个定义，因为一旦确定性登上舞台，可能性就退场了。灵活开放的头脑可以获取的巨大收获，就是透过全新的感官透镜看到、感觉到各种可能性。在觉知和灵活性的加持下，我们就有可能更清晰地看到内心和周遭世界的深度、色彩和动态变化。例如，在感知海洋时，正念觉知让你可以更敏锐地听到各个方向的海浪声，可以更深刻地捕捉到温暖的薄雾及和煦的阳光逗留在脸庞的感觉，可以闻到甚至品尝到空气中的咸味。充分调动感官能使人完全投入到对当下这一刻的全方位体验中。

修炼出正念大脑需要进行有规律的练习。就像学任何东西一样，重复和刻意关注是必不可少的阶段。想想我们学骑自行车或学开车的过程：在你能自如地欣赏沿途风景之前，必然要经历一个小心翼翼的阶段，要认真考虑手脚放哪儿，姿势如何，并要时刻关注方向、速度和视觉线索等。

多年以前，有位朋友教我开手动挡汽车。他认为我有必要一开始就接触具有挑战的状况，于是在交通高峰期把我引向一条有陡坡的街道。当时的我虽然已有8年驾驶经验，但还是非常紧张，双手出汗，紧握方向盘，后背僵直地抵在椅背上，目不转睛地盯着后视镜，留神与后面的车辆千万不要有亲密接触。心脏仿佛在时断时续地砰砰乱跳，脑中有个声音一直在无声地重复着："左脚踩离合器，松开制动器，右脚踩油门，左脚轻轻松开离合器，不要撞坏朋友的新车。"

学习这项新技能需要我高度专注并投注努力。但不久之后，我就可以轻松地驾驶新买的手动挡汽车在交通高峰期爬坡，同时还能听着收音机、看着窗外风景、想着即将到来的期中考试，完全不必再考虑那套操作流程，或者至少不需要像以前那样刻意关注，驾驶手动挡汽车现在已经成为我记忆中随时可以轻松提取的一套自动化动作。其实，哪怕你并不经常开车，但每次驾驶也都是在积累练习经验，在一遍遍强化这套技能。

你也可以从自身的记忆中找出类似的学习经历：

1. 回忆某次需要聚精会神去学习一个新技能的情形。

2. 回忆在这次经历中，自己调动了多少感官投入学习：比如当时感觉如何，看起来如何，听起来如何，闻起来如何，尝上去如何，刚接触它时你带着怎样的想法和情绪。

3. 学习之后，你花了多长时间将它巩固为不需要特别关注就能胜任的技能？

如果你忆起的是艺术或体育方面的例子，可能会觉得要想做好这些事情，永远都要保持高度关注。但是，可以比较一下自己刚学会击球和首次能兼顾击球和预测对手动向时的情形，两者间应该是有明显差异的。

我们都知道"熟能生巧"这个成语。毋庸置疑，通过练习，通过一遍遍的重复，无论是在教练的帮助下还是靠自己的努力，都可以将信息或行为印刻在记忆中。不管你是要练习反手击球、练习钢琴，还是练习在可怕的人面前不胆怯，都要基于一次次刻意的行动，以达成以下的目标：

- 学习新习惯

- 告别旧的坏习惯

- 表现得足够好，或者更好

- 构建牢固的记忆，发展出对事物的掌控感

找回开放而淡定的心态

与自恋者打交道，提升觉察力至关重要。例如，当你硬着头皮要去和自恋者互动时，如果有足够的正念觉知，你也许会注意到自己肩膀前倾、后背佝偻，那么这时你就可以调整一下体态，并意识到自己又陷入了旧习惯，脑中已经在预演即将面临的互动失败了。这一刻的清醒使你选择扬起下巴、挺直腰背、展现出自信和力量，同时也把觉知指向了对手——你看着他的脸、手和身体，提醒自己他不过是有迷惑性且不完美的人类的一员而已。如此一来，你的身心状态被调整得更加积极；你从各种"应该""必须"和图式的挟持中解脱出来，能对自己面临的状况做出更符合实际的评估。你不仅知道自己没问题，而且能感受到这一点。

觉知带来发现，发现又带来自由，伴随着自由而来的是为自己的行为模式负责。你可以选择不再像以往那样在自恋者面前表现出内疚、屈从和虚弱无力的样子，而将自己锚定于真实、健康、成熟的自我之中。倘若你一方面能与当下建立强大的联结，另一方面又能对自恋者试图掩藏的羞耻感和缺陷感建立同理心，那么当他越界时，你就能信心满满地得体应对。通过觉察自动反应，我们需要对以下几点有所认识：

- 突然产生的不适可能就是图式被激活的信号。
- 被记忆激活的想法和情感可能与当前的现实毫无关联。
- 在此刻，你有多种不同的选择。
- 你不必试图证明自己，也无需躲藏。
- 你也有自己的权利。

经正念打磨过的头脑可以自如地驾驭想法、信念和对未来的预想，一如经过训练的肌肉可以自如地舒张和收缩。想要肌肉有力量，就需要有规律地训练；同理，想要安住在此时此地的当下，也一样需要有规律地训练，哪怕在训练中可能伴随着痛苦。正念有诸多好处，你可能已经迫不及待地想要开始探索了。下面是一个保持专注于当下的简单练习。

练习：投入正念

如上所述，练习对于学习新技能至关重要。因此请承诺每天进行两次练习，每次5分钟。当然，增加每次练习的时长将使你的体验更加深刻，有助于巩固这项新的意识技能。你不必特意寻找一个安静的地方，几乎在任何环境下都可以做这个练习。但重要的是，练习期间不要有人来打扰你，或与你交谈。

如果闭上眼，可以与感受有更深层次的融合，但如果需要的话，睁开也无妨。你需要阅读几遍指导语，熟悉整个流程。直到正念练习已经成为你的第二天性，指导语的帮助才会可有可无。在练习时，请全神贯注。

1.把注意力集中到呼吸上，不要刻意做什么，就保持自然的呼吸节奏。在呼吸时，逐一地关注以下方面：

第一次呼吸，关注腹部的起伏。

第二次呼吸，关注肺部的扩张和收缩。

第三次呼吸，感受吸气时空气穿过鼻孔时的微凉，呼气时鼻孔中的温热。

2.重复上述步骤三次，依次关注腹部起伏、腹部扩张和收缩、呼气和吸气时空气的温度。

3.如果你的眼睛是睁开的，请留意身处的环境；如果眼睛是闭上的，请在意念中建构身处环境的图景。无论你身边有什么事物，识别它的颜色、大小、形状、维度、运动方式。

4.留意环境中的声音，允许它们进入你的听觉意识中，不加任何评判。——识别它们——从窗外传来的除草机的轰鸣声、玩耍的孩子此起彼伏的喧闹声，甚至还有其他一些细微的声音：排风系统管道中的哨声、钟表的滴嗒声、写字台上笔记本电脑轻微的嗡嗡声……

5.让你的鼻腔也加入练习，闻一闻空气中的气味。

6.把知觉的指针指向你的舌头。在你缓慢吸气，又满满呼出的过程中，注意和辨识口腔里感受到的味道。

7.现在把知觉指向任何与身体有接触的东西。留意皮肤与衣服接触的感觉、微风拂面的感觉、屁股下坐垫的质地和硬度，或者脚趾问沙子的感觉。

8.把注意力转向内部世界——皮肤之下的那个世界。如果可能，可以伴随着深长的呼吸，做几个简单的伸展动作。从头顶开始，从上至下缓慢扫描整个身体，包括脸部、颈部、四肢、手指和脚趾。注意肌肉和内脏的感觉，例如能量状态、疲劳、紧绷、刺痛、酸胀、麻木、力量、不适或虚弱等感觉，只去注意它们就好了。关注此刻浮现的情绪反应，你可能会注意到，自己的内在感觉与悲伤、恐惧或愤怒的情绪有共鸣。只需注意到这一点、辨识它，让关注安静地驻留在这里，不带评价地观察它即可。

请尽力保持开放而淡定的态度，这意味着你要告诫自己，在做练习时摒弃一切充斥在头脑中的预设和偏爱。你的想法会引诱你从练习中走神，发生这种情况，你只需注意到它们，辨识出它们，然后放它们走。如果溜进你脑中的想法类似于"这么做真傻，这么做对改变现实又有什么用呢？"那么你要做的就只是注意到自己有这个想法，并且认识到这是一种判断。你可以告诉自己"好吧，我知道了"，然后挥手让它离去，而你则重新回到练习中。

如果图式驱动的想法浮现出来（比如"什么都无法帮助我满足需要""我注定会在情感上孤独终老"），可以借鉴第四章探讨的观察、评估、识别、区分四步法。首先，"观察"某个想法是否会经常浮现，"评估"这个想法是不是与某个陈旧的生活主题或者图式相关。如果是，你需要把它"识别"出来，并搞清楚它到底源自哪里。（比如："好，我知道了。我明白自己感到悲伤是受情感剥夺图式的驱使，我内心深处那个孤独的小女孩没有获得她需要的情感支持和共情。正因如此，我才觉得自己的情感需要永远也得不到满足。"）你可以对自己这样说来作"区分"："但是，那是过去，现在不一样了。"然后放下这个想法，回到练习中。

　　有些想法，尤其是与图式相关的想法，可能是非常顽固的，这时呼吸就是你与现实的联结点。在练习中，如果你发现自己在分心，就把注意力转移到呼吸上，用此练习第1步的方法，逐一关注腹部的起伏、肺部的扩张收缩，以及呼气吸气时空气的温度。当你被各种思绪的暗涌冲得偏离了航线时，呼吸总是可以将你温柔地带回。

　　对周遭世界有意识地觉知，可以为你开启发现之旅，就如同拆开了许多精美的可供赏玩的礼物；当然它也会向你袒露那些你不希望看到的事物，毕竟，存储在大脑和身体中的记忆可以被各种各样的感官刺激激活。不过幸运的是，随着你的意识更专注于当下、自我觉察力更强，你可以轻松地区分现实与虚构、往昔与当下，而这一点恰恰是泰然自若地与自恋者打交道的重要条件。

　　丹尼尔·西格尔在努力阐明大脑的精妙之处时曾解释说：在专注的状态下，大脑有能力进行反省觉知，使你能够区分自己的情感、想法、感觉，并将这一切整合于身心的整体之中。相反，如果没有正念专注，大脑就只是在默认的自动模式下运转。此时的大脑是反射性的，而不是接纳性的（Siegel，2007）。

然而，正如我们前文提过的，一个人不可能时刻都处于专注觉知的状态。考虑到人各有其个性，现实中的生活又如此繁忙，时刻保持专注觉知难上加难。此外，自动导航功能有时也是必要的，时刻处于觉知状态会浪费这一功能。因此，保持专注状态对我们来说是一种选择，也是一种值得坚持的训练——正念饮食和正念健身让人专注于自己的身体，长期坚持能带给人健康、活力和长寿；专注于自己的思想、情感和感觉能够带来内心的唤醒装置，在愉悦时刻它提醒你尽情享受，在侵扰性的扭曲信息袭来时它提醒你开启屏蔽系统，后者在与自恋者打交道时最为凸显。

回击自恋者的挑衅和伤害

到目前为止，我们已经了解了什么是自恋、自恋者的常见图式、我们自己的图式和应对风格，对专注而灵活的大脑效能也有了更多认识。现在将继续介绍自恋者最常见的四种面具：炫耀者、霸凌者、特权者和成瘾的自我安抚者，以及应对这些面具的具体策略。

应对自恋者的炫耀

与炫耀者打交道时要看清楚：这是一个渴望被崇拜，又很善妒的人。他可能公开地炫耀，也可能使用隐蔽的方式，甚至还可能会自谦。无论用什么形式表现，他的内心都持续处于煎熬中，感觉自己无能、不受欢迎，当然对这一点他可能完全不自知。在他看来，如果能给你留下深刻印象，就能暂时滋养一下自己饥渴的灵魂，暂时消解一下持续相伴的羞耻感。在你的掌声中，他可以看到自己的光辉形象。他对你完全不感兴趣，只在意你的赞美和仰慕。

面对炫耀者，你可以牢牢立足于当下，忽略他等待仰慕的眼神，只对你们互动中那些简单而平凡的美好做出积极反馈。例如，假设自恋者是你的朋友凡妮莎，你不必说："哇！凡妮莎，我真不知道你是怎么做到这些的，真是太了不起了！"而可以将重点放在日常的事情上，比如说："凡妮莎，我很感谢你约我们吃午餐，能被别人记住还是很开心的。"在给予积极反馈时，我们将夸赞的焦点放在周到朴实的善良上，而不是那些为了让人敬仰而刻意表现出的非凡脱俗的光辉形象。即便对方的成就看起来非常耀眼辉煌，你仍可以在其中找到一丝平凡之美，并对这一点给予诚实而中肯的赞赏。

例如，你的自恋朋友被邀请主持一场名人云集的年度募捐晚会。她一次又一次地提到主办方找她来主持，是因为青睐她的正直清誉、优雅风度，以及教科书级的公关技能。对此，你可以这样回应："这个活动会使那些缺钱就医的人受益，你能参与其中真是太棒了！祝你好运！"

这种回应体现了坦率和真诚，你没有被她闪耀着光芒的自我晃瞎眼睛，成功避开了图式设置的陷阱。当你坚守住自己的理智，做出坦率的回应时，一方面能满足她被接受的渴望，另一方面也给她这样的信号：并不一定要通过自我吹嘘来获得赞赏。

回击自恋者的霸凌

与霸凌者打交道时，要意识到这个人对他人及他人的动机怀有固执的怀疑，特别害怕别人试图控制、愚弄、利用自己。鉴于过去一直情感虚空，又对自己抱有深深的羞耻感和缺陷感，他坚信没人会真正关心他。为了保护自己，他倾向于对别人采用批评和控制的态度。他渴望获得权威感，渴望获得举足轻重的地位，为达成这一点，他必须确保对方感觉到自己的渺小、虚弱甚至愚蠢。

面对霸凌者，你可以坚定地立足于当下，自信沉着地看着他的眼睛，缓而有力地说出他的言行给你带来的感觉。比如，这位自恋者是同事布莱德，他因为不满你提交的项目计划而说了些不中听的话。你可以这样说："布莱德，你知道吗？你批评我时的语气听起来很刺耳，让人难以接受。我理解你现在感觉失望，甚至有挫败感，我不愿看到这一幕，但如果你说的都是事实，我也愿意接受。可是，你没有必要这么刻薄，我相信你不是有意要伤害我，但你有时真的会过分苛刻。这样不仅让人不快，也无益于把事情做好。"

再比如，这个自恋者是你很重要的朋友乔伊，在一次社交聚会上，他觉得自己没有得到你的足够关注，一气之下就切换到霸凌模式。你可以这样说："乔伊，我很关心你的感受，当然不愿让你觉得被我忽视。你觉得我对你心不在焉，有些气恼，希望我更多关注你，这些我都能理解。但这种情况发生时，你需要把真实感受告诉我，而不是诅咒和辱骂我。你只有告诉我，我才能更关注你。现在这种做法一点用也没有，而且我非常不能接受。"

　　在上述两个例子中，你都成功绕过了旧习，没有落入屈从、道歉、反击或逃避、哭泣的反应模式。一个人在心中拥抱那个坚定的内在辩护人，就如同披上了由勇气和坦诚织就的铠甲。

拒绝让自恋者使用特权

　　跟特权者打交道时，要认识到他的特点就是要自定一套规则，并且认为自己有权得到一切想要的东西。他的举止就仿佛自己高人一等，理应受到特殊待遇。在他的字典里没有"互惠互利"一词，他绝不接受拒绝，也从不会为自己霸道苛刻的行为感到自责。对别人的感受，他毫无兴趣，也完全无法欣赏和理解"同理心"的价值。

　　面对特权者的冒犯，你需要立足于当下，深呼吸，定定神，让他知道游戏规则。比如，这位特权者是你的朋友莉安，你们约好一起吃晚饭。她一如既往在不通知你的情况下迟到了35分钟，而这家餐厅规定，只有全体就餐者都到了才能落座，因此你只能站着等她，眼睁睁地看着空位全被占满。莉安来后，没有任何道歉或解释。得知还要等位时，她气势汹汹地找经理理论，表示对该餐厅"荒谬"的落座政策极为恼火。她这种大吵大闹、自以为是的行为让你很尴尬，同时你也因为她没有尊重你和你的宝贵时间而气恼。

　　这不是你第一次想要在莉安的特权演说中遁地而逃。过去遇到这种情况时，你一般会站起来，为她粗鲁而令人难堪的行为向周围的人致以抱歉而友善的微笑，然后翻翻白眼，心想"好吧，这就是她"。但是这一次，你把她叫到一旁说："莉安，你这么做让人不舒服而且令人尴尬。同样让人失望的是，你的行为给我带来了不便，而你却毫不在意我的感受，仿佛你怎么随心所欲都没问题。我知道你已经习惯了一切听你的，让事情按照你的意愿来，你对此也很自豪。的确有些情况下需要这种强势，但是，你不能无视我的权利和感受。现在谈这个可能让你很恼火，不如我们推迟聚餐，等你冷静下来，我随时愿意跟你继续谈论这件事。"

成功！这一次你没有畏缩，没有为她找借口，没有让她在冒犯你之后不了了之。

直面自恋者的成瘾行为

在与成瘾的自我安抚者打交道时，要认识到此人习惯于回避。不可名状的孤独感、羞耻感带给他无法忍受的痛苦，在聚光灯之外更让他感到与这个世界的疏离，这一切使他只想把自己藏起来，可能会表现为沉溺于工作、酗酒、购物或者强迫性地上网，也可能表现为热衷于对一些深奥的或有争议的问题没完没了地发表乏味演说——后者并不是为了寻求关注，而是在力图隔绝那时时悸动着的脆弱感和孤独感。可是即便有人在叩响他的心门，他也不会应门，因为在没有精心装扮好之前，他绝不会冒险让人看到他袒露着所有情绪、需要和渴望的真颜。无论你为他付出多少感情，他都期望你接受并迎合他选择性的情感疏离，期望你不要求他的心与你在一起。

面对成瘾的自我安抚者，你要牢牢立足于当下，提醒自己：他不是故意要带上这个面具，他的疏离也不是你的错。在与他的关系中，你要时刻意识到自己的责任，尤其是当这位自恋者对你来说比较重要时。举例来说，这位自恋者是你的丈夫埃尔，他的问题是深陷于工作狂行为中。你经过深思熟虑，可以这样对他说："埃尔，我知道工作对你来说很重要，也很感激你靠自己的不断进取和努力付出，保证了我们家的财务安全和优渥生活。但是，我希望你能更多地跟我在一起，而且我担心你在给自己施加没必要的压力。对这些感受，我很难保持沉默，我想跟你谈一谈，看看是否能找到一个妥协方案。请不要拒绝，也不要说我不懂，对我来说这真的很重要。如果我们没办法找出让彼此的需要都得到满足的方案，那么我就要寻求专业人士的帮助了。"

你不再会因为他说"你不懂我的事业"就偃旗息鼓，甚至向他道歉，而是坚定地伸出手，将他从藏身的孤独黑暗中拉出来。

本章小结

恭喜你，你已经醒了，现身于当下。现在，新学到的有关情绪、感觉、思维方面的知识赋予我们新的能量，我们也认识到正念觉知在提高效能方面，尤其在跟自恋者互动的效能方面所发挥的重要作用。

第七章将讨论我们在充分了解自恋者的大脑原理之后可以怎么做——在与自恋者面质时，如何做到既能保持共情，又能避免他脱钩溜掉。这种共情面质对大部分自恋案例都适用。然而自恋的程度是一个渐变谱系，一端只是轻微的招人讨厌，另一端却是无法掌控的危险。对于后者，我们要用正念觉

关系陷阱：如何与自恋的人相处

知来判断：对方的自恋对我们的伤害是否已到不得不中止关系的程度。因此，在第六章，我们先来看看严重而危险的自恋有什么表现，以及如何安全地从这种关系中逃脱出来。

第六章　走为上计，逃离危险的自恋者

假如你的配偶是自恋者，你们的关系并非在所有情况下都值得被修复，即便你已经掌握了让他改变的杠杆，有时也无需恋战。自恋的配偶可能会威胁到你（包括孩子）的安全，使你无法拥有安稳的生活。这种情况下的自恋者大部分是男性，出现性别差异可能有以下几方面原因：男人的天性更倾向于具有攻击性；男性的角色榜样更可能给出暴力的示范；社会或文化对男性具有攻击性的表现给予了更多的正强化；当图式被激活时，男性更倾向于在生物本能的驱动下对压力和挫折作出反应。

危险的自恋者从不自责，甚至缺乏起码的道德准则。在极端情况下，他们身上那种顽固的自以为是与反社会者（现在被称为"反社会人格障碍"）的特征有相似性：他们往往完全漠视，甚至蔑视他人及他人的内心感受。如果你发现自己的另一半就是这样的自恋者，请务必制定一个自我保护计划，并要为自己准备一条安全逃离路径。

识别危险的信号

现实生活中的威胁

危险的自恋者有一些共同的行为特点。请通读以下列表，逐条对照，看看身边的自恋者有没有这些行为，并请衡量相应行为的表现频率和程度。如果他只是偶尔表现出一些行为，你们的关系尚可挽救；但如果这些行为频繁而广泛地出现，尤其是当他威胁到你的安全时，你能选择的最佳方案就是出逃。

对财务和合法性的威胁：

- 嗜赌

- 过度消费

- 不愿工作

- 酒后驾车

- 购买、使用和销售违禁药品

- 看儿童色情作品

- 嫖娼

- 逃税

- 从事腐败和欺诈行为

- 偷窃

对身体和情绪的威胁：

- 身体或语言上的辱虐行为

- 威胁要伤害你、孩子、其他人，或他自己

- 当众诋毁你和孩子

- 毁坏财物、扔东西、威胁要带走孩子或让你身无分文，或对宠物施暴

- 即使你或孩子在车上，也坚持要酒后驾车

对关系和社会的威胁：

- 有外遇或从事其他淫乱或危险的性行为

- 让孩子暴露于儿童不宜的信息、语言或行为之下

- 几乎对所有事情都病态性地撒谎

- 总是与邻居和其他社区成员争吵

- 尽管被警告，仍无视邻里规则（例如大声播放音乐、破坏公物、吵闹喧哗）

近年来，很多女性来访者跟我讲述的家庭故事都包含以上行为。她们被棘手的现实问题缠身，同时也被悲哀恐惧淹没，担心夫妻关系日益恶化，害怕孩子受到不良影响。很多情况下，她们在走进我办公室的几分钟内，就开始泪流满面地讲述自己另一半的各种越轨行为，从婚姻不忠到看黄片成瘾，到访问成人聊天室。她们的伴侣将大量时间和金钱花费在这些行为上。

这样的案例十分普遍，而女性往往羞于揭露自己丈夫的此类行径，所以本章将聚焦于这类失德行为。如果你的另一半是一个容易产生爆发性攻击行为且威胁到你安全的自恋者，如果他的行为对你在财务或法律

上的安全构成了威胁，请尽快制定一个保护自己和孩子的计划，或者设法从这段关系中逃出来，有必要的话，可以向专业人士寻求帮助。

从逃避否认到恼羞成怒

上述失德行为一旦被发现，自恋者一般会矢口否认，或者会试图淡化自己的行为带来的危害。他可能很快就找到借口说"男人都是这样"，或者责怪自己的伴侣太胖、太无聊无趣，只关心孩子、只关心工作。但是，如果真是这些原因导致了他内心的孤独感或挫败感，这些行为不仅不是唯一的解决方法，还会引发重重问题。但是他不愿理会伴侣的感受，更不用说自我反省并想办法解决了。

"男人的天性就是如此"——对于一个无法忍受孤独的自恋男人来说，这是一个多么完美的借口！被认定是某个物种的一员，而这个物种被赋予了可以在婚姻恋爱关系之外独自偷欢的绝对权力；或声称自己没有下半身的控制权，只能任其主宰，这简直太方便了！（讽刺的是，他的超凡脱俗面面俱到，恰恰在受制于下半身方面不能免俗。）但是我们不禁要问，"既然这些越轨的性行为只是男人本性的一部分，那么他为什么要偷偷摸摸地去做呢？当他被发现的时候，为什么要矢口否认或责怪别人呢？"

不可否认，当男人进入性的领域时，生理因素的确在挟持他们的大脑方面起到了一定作用。哲学家罗杰·斯克鲁顿（Roger Scruton，2010）指出，一旦对色情成瘾，"他们会以色情作品中鼓励的那种工具化的方式看待性，于是就不再相信自己有能力以性幻想之外的方式享受性生活"。

大脑被性刺激劫持时的反应，就如同大脑对糖的反应一样。有关脑功能的研究表明，色情作品及婚外性行为带来的令人上瘾、具有刺激性的快感，会掩盖与伴侣发生性关系时因内啡肽分泌而产生的快感。这种方式恰恰满足了自恋者的应对模式，他正期望有某种途径可以切断自己对孤独空虚带来的痛楚的感知——他可能将这种痛楚视为"无聊"。对自恋者来说，最理想的状态是找到一种独立的自我满足的方式，不节外生枝、不为人关注，所以，能快速满足欲望的手段对他具有吸引力，但这最终会导致长期成瘾（包括性成瘾）。对刺激的渴望，分散了对深层情感需要的关注，于是后者长期停留在匮乏状态。

越轨的性行为可以满足男性自恋者的自尊，更可以将他们推上自认为本就属于自己的偶像宝座。此外，通过色情服务获得的性接触，不需要亲密感，允许自恋者不需付出感情即可得到满足——没人对他抱有期望或需要他顾及其感受，他不必跟谁谈话或真诚互动，这一切对不善回报、不愿投入真情的自恋者来说真是太方便了！

是改造，还是离开？

评估重建信任和亲密的可能性

自恋者的越轨行为虽破坏性十足，但仍有程度之分，并非均被归入危险之列。例如，当一位自恋者的越轨行为被发现时，他的反应可能很快会从最初的狼狈挣扎，过渡到愤怒责难，最终发展为痛斥你的荒谬；尽管这位风流猛男坚称自己有权利去做"男人都会做的事"，自己的行为合理正当，但言行仍在"适度"的范围内，未对配偶造成实质性的威胁或危险。

虽然危险自恋者也会有相同反应，但他的愤怒会更为强烈，表现得更暴躁，无情无义得更彻底，毫无羞耻感，也没有改变的意愿。他可能会咄咄逼人地对待你，甚至在性生活上也表现出越来越强的攻击性，也有可能相反，完全丧失"性"趣。

在专业帮助下寻求改造的机会

幸运的是，大部分自恋者还没有严重到危险的程度。作为自恋者的伴侣，你可能出于某种原因希望挽留住这段婚姻，或者认为他还是可能改变的，这些情况下，你可以留在婚姻中，但不必忍受旷日持久的虐待。借助专业人士的帮助，他们通常会道歉，并承诺改变，甚至可能会理解自己拈花惹草的行为对你造成的伤害，理解你对他及你们之间性关系的感觉；但如果没有外力的帮助，这种变化不太可能发生或延续。在破坏性的事件发生之后，信任的重建需要三方面的努力：

● 被冒犯一方必须感觉到自己被理解。

● 被冒犯一方必须设法清楚地表达出自己怎样才可以获得安全感，以便重建信任和亲密关系。

● 被冒犯一方必须有足够的安全感来识别自恋者的变化，认可和感谢他的共情表现，无论这一表现是自发的，还是在被要求之后产生的。

乍一看，这三项要求似乎完全落在被背叛一方的肩上。但其实，它们都取决于自恋者的改变意愿。

首先，你若感觉到被理解，就意味着伴侣能够走进你的内心世界。要做到这一点，他必须学会共情。一般情况下，试图理解对方会给自恋者带来"我是坏人"的羞耻感，为了逃脱这种感觉，他会进入自我防御状态，动不动就用怒火攻击别人。因此自恋的伴侣需要被传授一些技能，以免落入旧窠，否则他很难发展出共情和理解。

　　与此类似，如果你想有足够的安全感来表达内心需求、重建信任，那么伴侣必须有勇气潜入黑暗的海底，探索容纳他早期经历的沉船；也必须有意愿内省自己为何会发展出这种寻求刺激的，却终将导致自我挫败的成瘾行为。这样的自我探索让自恋者与自己坦诚相见，这是对别人坦诚的前提，也是重建信任所必要的；同时，自我探索使自恋的伴侣与你分享自己陷入泥潭的原因，这可以很有效地预防他在进步的道路上出现倒退。

　　第三个要求可能是最难的，你要能看到自恋者的变化，并欣赏他任何共情的表现。做到这一点貌似就可以说："现在一切都好了，你可以回到过去的状态了。"请记住，你的安全感是必要前提，只有当自恋的伴侣真正发生改变的时候，安全感才会浮现。他必须要耐心等待，要意识到让你重新进入亲密关系尚有一个过程；他还必须理解你的感受会有起伏，尤其当某些刺激性事件出现时（比如忘记周年纪念日），你的痛苦情绪会被触发；最后，他必须愿意为自己的错误行为及你们关系中因此产生的裂痕负责，并承诺今后不再如此。随着时间的推移，你的伤口会逐渐愈合，重新获得婚姻中的安全感和自我价值感，这使你愿意重新向他袒露自己脆弱的一面，甚至最终将互惠、慷慨和宽恕都融入你们的关系。

　　这个过程看起来很难想象，它的确非常少见。但是只要有足够的动力、耐心，有适当的杠杆，它就会发生。我有幸目睹过这一转变的过程，双方都在努力寻找出路，都想从冲突中获得认识的提升，满足对方的需要，并最终创建比以往（甚至比出轨之前）更好、更忠诚、更令人满意的婚姻关系。

裂痕愈合的过程并不轻松，各种痛苦会不时浮现：愤怒、悲伤、害怕、哀痛……在与伴侣共有的生命故事里，这一章血泪斑斑。在修复过程中挣扎着的夫妻经常会疑惑，他们要如何去面对和处理婚姻关系中如此丑陋不堪的一部分现实，因此当他们走出这充满不信任、愤怒和痛楚的艰难期，商定了重获安全感和信任的计划后，我便会让他们想象一栋美丽的建筑，通常一栋建筑能引人注目并赏心悦目，并不是因为它砖块整齐、颜色统一、石材光亮，而是因为它的缺陷：有伤痕的砖面、斑驳的色彩、已风化的粗砺石材，正是这些相互呼应又形成对比的元素构成了内涵丰富的美，它长久地矗立在那里，经受时间、风雨甚至战火的考验，同时也享受着爱惜之人的悉心照顾。婚姻关系也是如此：尽管受到挑战，依然坚实挺立；光辉和悲伤都被镌刻其上，因此才色彩丰富；有瑕疵，因此才独有风貌；最重要的是，有人盼其长久，而苦心经营。

如果你们还育有子女，那么舐犊之心将使你们更愿意努力修复破损的信任，治愈自恋带来的伤害。不幸的是，有的孩子出于对安全感的渴望，主动担任父母婚姻的仲裁员——千万不要让孩子承担这个角色，自恋者常见的怒气冲天、贬损他人的表现和特权意识对孩子都是相当有害的。许多孩子会模仿自恋父母的行为，并将其内化为自己的思维模式和人际互动风格；或模仿非自恋一方父母的问题人格和应对方式，比如消极被动、自我牺牲、没有担当。

规划出逃攻略

如果你面对的是危险自恋者，"安全性"永远是首要考虑的因素。他对你的暴躁、暴力和威胁是否在持续增强？他是否长期毫无悔意地对你施加言语或情绪上的虐待？除了长期的不尊敬和虐待之外，他是否对你的不快表现出轻蔑或憎恨？若发生这些情况，我们建议你要多加小心。

许多女性将这类危险行为视为她们婚姻中最令人心碎和恐惧的事件。在这种时刻，哪怕她们采用最谨慎的措辞、最和气的语调为自己和孩子争取和平，危险的自恋者也可能会变本加厉地、残酷无情地回应她们。再次声明，这是一个信号，提醒你必须把自己的安危放在第一位，要尽快构想出一个出逃攻略。但要警惕的是，很多自恋者有这样的本领——即便在最凶狠的时候，也能立即带上白马王子的面具——因此很难评估他们的危险行为是不是足够根深蒂固。通过下面的例子，我们可以看到危险的自恋者如何扭曲真相来为自己越轨的罪责开脱。

萨曼莎和托德已经结婚18年，两个孩子都在读小学。多年来，萨曼莎一直顶礼膜拜于丈夫的超级自我，直到有一天她发现托德经常浏览色情网站，并会访问成人聊天室。对此，托德的第一反应是矢口否认。但是萨曼莎亮出证据，表明托德的这一行径已经是长期习惯了。此时托德转为防守，吼道："是又怎么样！所有男人都这么做，有什么大不了的？"因为想要改变托德，萨曼莎没有退缩，她要求托德解释，并提出自己不愿忍受这一行为。随着托德越来越恼火，危险自恋者的面目也逐渐狰狞起来，他握紧拳头说："萨曼莎，你别以为自己可以惹得了我！"

但是萨曼莎设法保持勇气，再次要求托德给出解释，并表达自己受到背叛和伤害的感觉。情节的发展在意料之中，托德推卸自己的责任，指着萨曼莎的鼻子，残酷而不公正地说："如果你没有这么唠叨，如果你能注意到自己有多胖了，如果你能关注一下我们的性生活，我就不会这样了！"

萨曼莎被这些话击垮了，她难以置信地盯着他，哭了起来。这位"黑手党头目"看着她的脸，冷笑道："你以为哭就能让我买账了？最好收起你的眼泪！这是你自己的问题。别那么假正经，你真需要有人给你治治毛病。你简直是疯了！你要是再这么逼我，我会让你后悔莫及！"萨曼莎内心充满了愤怒和痛苦，她还不想放弃，于是再次面对托德，要求他给自己一个解释，并要他承诺以后不再如此。

但是托德仍然毫无悔意，不为所动地说："我受够了这些胡言乱语，也受够了你！"他踢翻了一把椅子，愤然把咖啡杯扔到盥洗池中摔得粉碎，然后摔门离家。

萨曼莎瘫倒在地，独自绝望地掩面而泣。隔壁孩子们什么都听到了，他们也瘫坐在地上，抱在一起哭泣。

最终托德回家了，一段寂静而不安的休战期开始了。起初，萨曼莎很害怕自己一个人生活，害怕她提出离婚时会遭到托德的报复，也害怕托德可能会获得孩子的共同抚养权。想到这些让她浑身无力，一种徒劳而无助的恶心感充斥在肠胃中。但这件事毕竟让萨曼莎对托德有了重要认识，也让她痛下决心。在几周甚至几个月的时间里，她小心地寻求着专业人士的法律建议。在朋友、家人和治疗师的支持下，萨曼莎强化自己的意志和信心，与托德展开了一场艰难的法律较量。

离婚之后，生活的某些方面变得更有挑战。托德经常不按照探视时间表行事，因为这"干扰了他的工作"，其实更可能的是，干扰了他风流浪荡的生活。如果孩子们去拜访，托德对他们不管不问，只要不影响他玩电脑就万事大吉。事后萨曼莎会试图修复孩子们受伤的感觉，她告诉孩子们，他们有权感到沮丧和困惑，问题出在父亲这里。但萨曼莎很小心，尽量不在孩子面前说他们父亲的坏话。

由于托德从不按时支付赡养费和子女抚养费，萨曼莎总要加班加点地拼命工作。她很遗憾没有更多的时间来陪伴孩子，不过值得欣慰的是，她保全了自己的安全和精神健康，而且她知道走这一步从长远来看对孩子是有益的。

本章小结

假如你的伴侣是危险型自恋者，那么如何强调你和孩子的安全都不为过。话虽如此，但自恋者特别善于运用自己的魅力，扑朔迷离，使人很难判断他是不是真的无可救药。那么，只有好好观察他。在观察时，切忌透过以往经验的滤镜，而是要基于当下的信息，以正念觉知来观察他。如果你觉得他能听得进你说的话，那他就有可能做出改变。尝试用本书介绍的沟通技能与这个内心受伤的人交流、交心，虽然这个过程可能很艰难，但面对多年的婚姻伴侣，多做些努力也是值得的。

假如你决定留下来挽救婚姻，在促成改变的各种努力中，最有效的工具之一就是共情。为此，在第七章中，我们将详细介绍一种沟通策略，它使我们既能保有共情，又不至于在满足自我需要方面妥协让步。

第七章　共情面质，在互动中占据主动

即便我们认定自己身边的自恋者不属于危险之列，在他不那么迷人时，或在他处于"邪恶放纵"的模式时，我们也会感觉糟糕，与他为伴就像和敌人在一起。在图式被激活的状态下，自恋者的言行会让你感觉莫名其妙、无言以对甚至忍无可忍。他们就如同拥有把氧气全部吸走的魔法，让同处一室的人感到窒息。一时间，你用气愤和厌烦支起防御的盔甲，想借此抵挡自恋者的贬损中伤。但是，愤怒本身很消耗精力，没一会儿就让人感觉精疲力竭，把你拉回到无力再战的状态中，你不得不屈服于自恋者的攻击性操控，最终只能寄希望于他早点回归正常模式。

但是现在，我们已经学过了正念觉知和相关的沟通技能，就不必再重复这种旧有的模式。即便在风暴中心，我们仍可以稳如泰山，不必为了满足自恋者的要求而放弃心愿，而能够坚守自己的权利、合理的需求和固有的价值。然而，要想提升与自恋者互动的效能，获得更有价值的成果，一方面要保持自身健康的心态，倾听内心的声音，另一方面还需要真正地了解自恋者其人。不仅要从认知上了解他经历的人生故事，还要学会解读他内心世界的情绪。换言之，我们要去感受他对世界的体验，就好像用自己的心去体会他的心（如果他是危险自恋者，估计你不愿意这么做）。这不是读心术，在心理学中我们称之为"共情"。

在继续阅读之前，我们要声明一点：本章所讨论的方法并不适用于让你感到不安全、被辱虐的人，对待他们应该采取完全不同的对策，一般要考虑如何逃离，以及如何保障自己的安全。如果身边的自恋者有任何施暴、施虐或者威胁安全的行为，请速速寻求援助。

从读懂自恋者的内心小孩开始

理解，但不纵容

许多人将"共情"与"慈悲"混为一谈。虽然它们都是在见到别人的情绪有悲喜起伏时出现，但两者有明显区别。在有关自恋的讨论中，这些区别还是有必要澄清的。

当我请来访者用共情的态度应对自恋者时，很多人都会误解我的意思，以为我是在让他们悲悯那些一次次折磨他们的恶霸。其实并非如此。共情是一种真正理解他人情感、认知甚至生理体验的能力，它并不意味着你必然要认同、容许、支持那个人的感受和行为，只表示你以"感受到了"的方式理解对方。在共情状态下，我们可以在自己的头脑和身体中，体会到另一个人的想法、感受和知觉，就好像他的体验在我们这里发生了共鸣。

举一个例子。假设一位与你关系很好的同事来上班时状态不好、瑟瑟发抖、情绪沮丧，她说自己开车上班的路上差点发生车祸，一辆大卡车驶向自己的场景此刻还历历在目，在那千钧一发之际，她猛打方向盘以躲过撞击。她还讲到自己停下来去帮助另一位司机，那人不如她幸运，被撞得很严重。她说，万一当时没有及时反应，后果将不堪设想。讲到这里她潸然泪下，表示能毫发无伤地顺利逃生真是莫大的幸运。尚在惊恐中的她笑称："周一的早晨能出现在办公室，真是一种幸福。"

在听她讲述的时候，你脑中呈现出整个事件的场景，如同亲历，也在暗自揣测"万一"的状况。当她讲到汽车喇叭轰鸣，大卡车撞上不到一米外的一辆车，而她的车几秒钟前就在那个位置时，你感到自己的身体也紧缩起来。"假如接到电话，有人通知我她受了重伤或者已经身亡，我该怎么办？"仅是想一下你都会心跳加速，自己生活中类似的经历也从记忆中涌现出来。这时她说："我没事，喘口气，喝杯咖啡就好了。"在她的话语中，你能全然体会到她对重归平静的渴望，因为你此刻内心也浮现了同样的想法，你能理解她。这就是共情，因此你会说："看到你平安无事真是太好了！我完全能想象出当时有多么恐怖。"

慈悲也需要这种共情式的理解，但它还要更进一步。慈悲是一种想要安慰、抚慰他人，想要减轻他人痛苦的意愿，它起源于对他人体验的清楚感知和共情觉察，进而产生对他人不幸经历的同情（即对共情觉知到的内容产生难过的情绪）。慈悲超越共情的地方在于，它不仅是理解他人的痛苦，还觉得有义务伸出仁慈之手，通过做点什么来缓解或治愈他人的痛苦。

回到之前的例子，如果对朋友怀有慈悲之心，你很难不做点什么就走开，你可能会给她一个安慰的拥抱，并说出类似这样的话："让我来给你倒杯咖啡吧，你先去洗把脸，然后坐下来定定神。手头的工作我替你分担。还有什么我可以做的尽管告诉我，哪怕只是想聊聊天也可以找我。"

自恋者很少暴露自己的脆弱性，因此在与他们的关系中，我们很难有机会表现共情和慈悲。然而，如果想跟这个既给人带来烦恼，自身也有不少烦恼的家伙更好地互动，甚至建立更好的关系，我们还是要学习如何共情，或更进一步学习如何施展慈悲。

会意，但不屈从

儿童能健康地长大成人，有一个重要的前提，即父母或者照顾者能够提供敏感的情绪回应，换言之就是共情。当孩子望向父母的眼睛，寻求安慰或认可时，父母要有意识地给予孩子反馈，表示理解他的感受，无论这种感受是欢愉、害怕、困扰还是伤心。在这个过程中，父母先接受并确信孩子的感受或需要，然后帮助他搞清楚自己为什么会这样，比如："宝贝，在卧室墙上看到怪兽当然会很害怕，你肯定不想一晚上都独自跟这些怪兽待在一起。这样吧，我们去看看那些喜欢在月光下跳舞的影子是不是又悄悄溜进来了。"

假如孩子对情感联结的需要没有得到充分满足，孩子就会感到被误解、被忽视，感到自己无足轻重、孤独，甚至感到这种对情感联结的渴望是丢人的，进而给自己贴上一些伤害性的标签，如"软弱""愚蠢""不值得被爱"，也可能发展出自我挫败的生活模式，譬如对人的疏离、回避或欺凌。"感觉自己被理解"是一种被严重低估的人类心理需要，没有它，一个人就很难发展出共情觉知，也因此难以在情绪和人际互动方面获得健康成长。

自恋者的关键特征是试图引人注目，但他们采用了一种病态的方法。因为缺少被理解的感觉，自恋者会致力于寻求认可，尤其是对于自己成就、成绩方面的认可。他们拼命追求特权，因为特权正是获得成功、地位卓越的证据；他们力图保持绝对的控制力，要求自己情感独立，因为"不需要任何人"能给他带来一种掌控感。对于未被满足的有关被理解、被看到、被爱与接纳的人性化诉求，他们内心生发出深深的羞耻感，再加上对自己的人生经历缺乏充分理解，使得他们没有途径去体验与他人之间的共情。

自恋者不会试图去理解和适应他人，而是陷入对他人认可的过分追求，心中持续嘀咕着："我做得好吗？""她真的喜欢我。""我想我做得很棒。""我应该给他留下深刻印象了。""我想知道他们是不是喜欢我刚才说的。""糟糕，我可能陷入麻烦了。""我会证明给他们看。"这种狭隘的思维里除了"我"，没有别人，这让自恋者难以真正融入与他人的互动，也很少体验到或者传递出同理心。因此，与他相处的人会感到孤独，感觉彼此的关系是空洞而令人沮丧的。

然而，除非脑部受到某种损伤，几乎所有人都具备共情的能力，培养自恋者的共情能力并非完全不可能，只是非常具有挑战性。这个过程离不开自恋专家提供的专业帮助，但不幸的是，说服自恋者去参加治疗通常都很困难。因此，创造改变的杠杆是必不可少的，即要为自恋者设置不参加治疗的后果，比如，如果不寻求帮助，他就会失去某个重要的人或物。

如前所述，共情并不一定意味着要赞同或纵容对方的行为，仅需要理解就够了。为此我们要在内心建构画面、故事或身体感觉，以此想象或感受对方的体验和意愿。无论是对电影中的角色，还是我们面前的亲人，甚至是镜中的自己，我们都会在情感、认知及身体感受层面试图解读所见所闻。这照亮了我们对事物的理解，也使我们免于承受不必要的责任、怪罪、怒火、羞辱、无助感或罪恶感。想要感知他人的痛苦或欢乐，我们首先要能直视自己脆弱的一面，而这对于自恋者来说往往很难做到。

共情还让我们更清晰和敏锐地看到真相，从而摆脱由图式的过滤带来的认知扭曲及相应的自我防御，消极情绪得以减少，个人成长的路障也被清除。

这种"觉知"的状态，这种情绪和认知上的敏感性，在与自恋者的互动中特别重要，发挥着平衡器的作用。自恋者的行为模式在勾起你与旧图式相关的信念和感受方面，具有不可小觑的能力，让你开始怀疑自己是谁、自己有什么价值，甚至怀疑自己是否具备与人相处的能力。一旦你觉得自己的想法不如他的那样"大胆"或"聪明"，可能就失去了继续表达自己的勇气，感到羞耻或愧不如人。而共情让你能深刻地看到自恋者为什么会如此，这不啻为一服完美的解药，你可以借此站稳脚跟，把责任归于他本人，不必接受他的"甩锅"。最为重要的是，你可以在面对他的同时，放下让人精疲力竭的愤怒、防御或屈从。你知道他是怎么回事，甚至为他感到难过，你可能会选择告诉他这一点；但无论如何，你都不会再让步，不会再放弃自己的权利。

随着时间的推移，你的共情（对自恋者所有痛苦的感知）可能会进一步发展为慈悲。当然，这并不必然会发生，还取决于你的心灵受过多大的打击，以及你是如何从自恋者带来的暴风骤雨中一路熬过来的。如果所受伤害不是太大，你或许发现自己仍有意愿去帮助、安慰、接受甚至宽恕他。只要不违背你基本的、不可撼动的权利和需要，这么做未尝不是一件好事，甚至可能是必要的。

洞察，但不退缩

在二十世纪八九十年代，神经科学家发现了一种有趣的神经元，它不仅在我们自己产生某个行为（比如握住杯子或叉子，甚至微笑或皱眉）时被激活，在看到别人有相同行为时，也会被激活（Iacoboni，2009）。大脑的这种反应就像是我们看到镜中的自己一样，所以这类细胞被称为镜像神经元。

最近，神经科学领域的研究发现：在个体的共情觉知水平方面，互动背景和个体因素都扮演着重要角色，其中个体因素包括个体的生物学特征、人格特质和情绪状态。显然，有时个体寻求报复或惩罚对方的动机，会掩盖其天生想要寻求理解和联结的亲社会反应，在一个人感到不公平或被故意伤害时尤为如此。

这对我们了解自恋者有什么启示呢？也许正是他自我保护的需要使其力图躲开那些令人不安的痛苦情绪，特别是那些让他感觉自己未能令人满意的情绪。当你含泪表达自己的痛苦和孤独时，他心生厌烦，图式被激活，进入自我封闭的情绪状态，这些都会蒙蔽他的双眼，让他无法看到、感受到你的感受。就这样，他成功地回避了对自己脆弱性的感受，反而迅速躲入自以为是的行为模式中，用气恼、叹息、嗤之以鼻来回应你的痛苦。更有甚者，他会对你施加报复性的攻击，因为在他看来，你倾诉这些无非是想打击他的自我感觉，让他认为自己很糟糕。

唐刚从他同母异父的姐姐那里得知父亲快要离世了。那位苛刻的、很难被取悦的男人从来没有表达过对儿子的爱，这漫长而令人痛苦的父子关系即将结束。电话那头姐姐在表达自己的哀伤和对唐的同情，而唐则在不耐烦地清嗓子、翻白眼，一幅气恼的样子，这一切都被唐的妻子苏看在眼里。

多年以来，苏观察到无论是谁（包括她自己）对唐表达关心和同情，他的反应都冷若冰霜。她过去曾为此感到气恼，被他的冷漠刺伤，但现在她逐渐意识到，这是唐的心病，跟别人无关，她意识到每当这种时刻，丈夫都在奋力挣扎着逃离那份强烈的痛苦，那份不得不掐灭内心幻想的痛苦——在幻想中有一天父亲醒悟过来，告诉他自己一直爱他，一直以他为傲。苏知道如果没有专业人士的帮助，唐不可能承认自己有这个幻想，也不会承认自己的人生有所缺失；反而，承认自己需要父亲或其他任何人的认可，会让他觉得很丢人。

苏看到唐脸上的表情，听到他轻蔑地嘟嘟囔囔，认出他这一套熟悉的行为习惯。同理心使她在自己的情感中找到一种共鸣。她想起自己童年时，父亲时常在深夜酩酊大醉地回到家中，闯入她房间将她叫醒，为了一些不足挂齿的小事甚至凭空捏造的错误大吼大叫地责骂她。此时，她的母亲静默地待在隔壁房间，等着属于自己的那顿劈头盖脸的训斥。没人保护她，苏只有自己坚强起来，一边听着隔壁父亲咆哮、砸东西的声音，一边强忍住恐惧的泪水。当暴风骤雨过去，家里重归平静，姐姐会蹑手蹑脚地走进来提醒她以后要少说话、做个乖女孩，姐姐还安慰她说不要担心，"明天早晨太阳照样会升起"。在姐姐离开她房间的时候，苏记得自己总会在心里愤慨地哼一声，心想："管他呢！什么都不会改变！不，不，等等。我会加倍努力，我一定会，我发誓。"

苏的经历尽管与唐有很大差异，但还是使她在看到丈夫的表情时产生了心灵上的共鸣，她能够理解丈夫内心的想法：那些伤痛和恐惧已经被掩埋好了，为什么要再把它挖出来呢？从唐的语气、姿态、手势和面部表情透露出的信息，苏感同身受地体会到他那种被赶入陷阱的愤懑。虽然很想去安慰唐，但她知道唐一定会拒绝，她也能理解这并不是针对她本人。苏对自己做了大量的心理建设工作，逐渐认识到释放情绪并不是愚蠢、矫情、无知的表现，虽然每次自己倾诉脆弱害怕的感受时唐总会这么说。

苏还成功地使唐戒除了那些贬损别人的言论。凭着勇气、耐心和同理心，她帮助唐看清这些年来自己的行为，其实是源自与苛刻而漠然的父亲共同生活的经历。每当唐又给她贴上贬损的标签时，她就刻意切断与他的互动。当然，唐还是会夸张地用表情表达自己的不自在，不过苏能将唐的情绪与自己早年的痛苦经历联系起来加以理解，明白他的情绪都不是针对她。苏甚至觉得唐的表情非常有用，可以帮她感受唐内心的挣扎。和往常一样，唐总是想把自己内心的挣扎隐藏在密不透风的护墙之内，他有意避开所有的内省或治疗机会，将自己持续地囚禁在记忆的牢笼里，心甘情愿被惯用的应对模式奴役，而应对模式则要求他强硬、独立、不遗余力地藏匿所有的不安。

不过，唐想要压抑住自己的情绪，就如同我们在打电话时试图让那个总想引人注意的幼童安静下来一样。这个幼童拉扯着你，不管不顾地哭哭唧唧，直到你关注到他的不开心为止。作为父母，我们要么用恐吓和威胁迫使他闭嘴，这样他试几次就知道你是来真的，就会乖乖就范，但不幸的是，孩子可能因此陷入一种蔫蔫的状态，认输投降，压抑痛苦；或者我们可以把孩子抱在腿上，一边轻抚他一边继续打电话；再或者，如果他过于痛苦不安，我们就挂掉电话，充满爱意地专心回应他。

唐就是在第一种育儿方式中长大，所以他很早就学会了如何压抑自己的感受，并找些事情来分心，以此安慰自己。现在他已经成人，仍沉溺于各种自我抚慰的行为，譬如酗酒、沉迷上网、购买过多电子设备，所有这些都是在试图让内心"喋喋不休"的情绪闭嘴，重回压抑状态。

苏对唐的应对模式抱有强烈的共情，尽管她并不喜欢，且觉得这完全无益于他们的关系。实际上，唐的行为模式正在伤害他们的亲密感及性生活。唐不仅对苏缺乏共情，对他自己也是一样，他那具有破坏性的、疏离性的应对习惯可谓根深蒂固。他竖起的高墙让苏越来越感觉自己被拒之门外，当唐发出性爱邀请时，苏发现自己"性"趣索然；而在遭到苏的拒绝之后，唐感觉自己被排斥，于是他翻个白眼，嘟囔一声，转身而去，疏离的应对模式进一步得到强化。这种状况很难改变，除非唐能通过共情觉知到自己的疏离给苏造成的影响，并意识到苏的孤独感。但他意识不到这些，并不是因为苏没有充分表达，事实上，苏无数次地试图告诉唐，她有一种被拒之门外的孤独感，在缺乏亲密情感的状态下她很难切换到自发的性爱激情模式，她需要双方心意相通。

人类的共性在于可以发展出新的智慧，新生的智慧让我们摆脱错误观念、放弃自我麻痹和自我挫败的行为，最终奔向自由；也让我们能看到、感受到他人正在经历着的挣扎。我们都渴望被人看见和理解，渴望对方知道我们是谁、对世界有怎样的体验和反应，哪怕这些想法看起来很傻，也不用担心被评判、被忽视、被看低。如果在关系中，我们都带有这样的共情与关心，愿意作彼此的镜子，就会看到自己的样子被对方准确映射，也能在心中清楚地获得对方的映像——这种状态不仅为关系本身构建了稳固的基石，让它禁得住图式触发事件的侵扰；也为关系中的双方带来了莫大的滋养，即使彼此观点不同，也能使人获得成长。

在刚才的例子中，当唐提出需求时，苏说："很抱歉，但我现在真的没兴致。我知道你听了会生气，但长时间以来我都感觉很孤单，很难产生激情。你待在自己的世界里，我被拒之门外，跟你日益疏远。我其实很希望能更多地融入你的世界。现在，我一点都不知道你感觉如何，不知道你在想什么，这真是让我太孤独了。"但是，唐透过自己的防御过滤器，很可能听到的是这些信息："你是一个只想着自己的混蛋，你是个失败的丈夫。"假如唐能够以共情感受到苏内心的挣扎，能够摒除图式被激活产生的无力感和无助感，一种新的反应会自然浮现，他可能会说："苏，我知道，我能理解。当我在情感上与你隔绝时，你觉得非常孤独，很难与我亲近、燃起激情。我知道你很希望我更多分享自己的感受，也对你表现出更多的兴趣。我们处理不安情绪的方式很不同，而我使用的自我封闭的方式，对你、对我们的关系都不好。虽然我不是总能理解，但我能感觉到你内心的挣扎，在我意识到这一点之后就明白了更多事情。小时候父亲没有给你应有的陪伴，你已经为此承受了很多痛苦。"

你肯定会想"我身边的自恋者绝不可能这样说话"，事实上，你的感觉在很大程度上是对的。若没有专业人士的帮助，若没有"不改变就遭殃"的后果，他如此反应的可能性微乎其微。不幸的是，即便有专业帮助，也不一定就会促成转变。很常见的结果是，自恋者的婚姻最终在腐坏的关系框架中日益僵化，根本无从修复。

但如果还有改变的希望，如果自恋者承诺会参加治疗并自我反省，你可能想知道如何在表达欣赏和赞许的同时保持改变的动力，以免让他觉得一切都已好转，时机还没成熟就退出治疗。要解决这个问题，我们就要在庆祝他取得萌芽式进展时采取一种"平衡"的说法，比如："我发现你在努力地考虑我的感受和观点（此处给出一个具体的例证）。很感谢你这么做，这让我感觉又跟你亲近了一些。但我也怕说这些，会让你误以为一切都好了。一方面我不想无视你取得的进步，另一方面也不想给你留下一个万事大吉的印象。希望你能理解我的这种纠结和为难。"

尝试与他内心的顽童展开对话

给自己一个拥抱吧，真正的挑战来了。有许多要跟自恋者打交道的来访者都听我说过："你必须点燃火炬，引领改变的发生。"我的意思是，他们若想被共情地对待，自己要首先给予共情。但是，我也会强调他们并非要永远做那个负责举火把的人，自恋者要学会敏感地接收共情，并学会回报。在整个过程中，你必须小心地衡量和评估进度，审时度势地作决定。当然你永远都有改变主意的权利，可以作出不同的选择。

我知道，这是个很难完成的任务，但如果这位自恋者在你生活中扮演重要的角色，努力改造你们的关系也许是值得的——即使经过一番努力仍没有好结果，你也可以在打算结束这段关系时问心无愧地说已尽所能。既然你已经选择了去探索情绪背后的成长经历和心理机制，尽力摆脱图式的驱使，就一定可以更好地理解自恋者与你自己，而且这种理解是建立在事实真相的基础之上的。

与自恋者换位思考，就意味着我们要试图感受他的内心世界。例如，当自恋者又尖锐地针对你时，你可以在想象中把一个孤独缺爱的小男孩的脸叠加在眼前这个成年男子的脸上，一边刻画着那个男孩，一边试着想象他体验到的痛苦、缺陷感、羞耻感、孤独和空虚，想象他为了赢得关注、爱和认可不得不去满足的苛刻条件，这些条件看起来难以达成，却又别无他选；也许有时他会分不清现实和幻想，认为自己是世界上最棒、最了不起、最完美的孩子，以此自我安慰。这样的想象会唤起你的共情，你甚至想去拥抱这个眼前的男人和他内心的小男孩。

这个妙招是杰弗里·扬博士送给我的礼物，当时我正在学习如何对有自恋问题的来访者进行适度的"重新养育"，而养育的重点就是重塑那个躲藏在他内心深处的孤独而被剥夺的小孩。这里的"养育"既有关爱，又有引导，包括共情和设置边界两个方面，这些都是自恋者幼时没有经历过的体验。通过示范，会让他知道今后可以如何养育和爱护自己内心深处的小孩，这将有助于修复其具有破坏性的图式，并在记忆中重新组织那个孩子的成长方式。

这种唤起自己对自恋者内在小孩的共情（甚至慈悲）的方法，对维持关系的稳定极为有效。哪怕对方想要掀翻小船，我们也可以借此回归平衡。下次，当眼前这位成年的自恋者又开始气急败坏地抓狂时，建议你为他配上一个脆弱的孩子的脸，并好好体会他的内心。你会逐渐意识到，他戏剧化的表现正是源于内心的逃避，他不想承认那个无助小孩的存在，因为那个孩子代表了他的脆弱，在他看来这是"可悲"和"无能"的代名词。其实，即便偶尔会被怜爱和悉心关照，他的内心仍充满了恐惧、悲哀和被剥夺的感觉。

在威廉·华兹华斯（William Wordsworth，1892）的抒情诗《我的心一跃而起》（My Heart Leaps Up）中有个优美的句子，"儿童是人类之父"。也许他是想说，内心的孩子主宰着成年人的思想，就像图式或者过去的生活模式发挥的作用一样。在没有觉察的情况下，成年自恋者从内心孩子的身上得到了如何行动的线索，这个孩子带着大量痛苦的早期生活经历，时刻盘旋于当下的人际关系中。

这里有一个实用的小贴士：尝试获取一张自恋者小时候的照片，这对培养共情或慈悲非常有用。同样建议你也保存一张自己小时候的照片，用它提醒自己：我内心脆弱的那部分，也需要自己的共情和慈悲。有些来访者将这些照片封塑后时刻带在身边，这种做法在试图改变的阶段很值得借鉴。

一步步引导他承担责任

用共情和关爱填满情感水库，并不意味着让自恋者在行为仍有劣迹时就脱钩而逃。充分理解和宽容慷慨固然必要，但同样重要的是，当自恋者又表现出傲慢、自私、控制和刻薄时，要让他们承担责任。从本质上说，我们要从共情的立场来与他面质。下面的五个小故事说明了如何在生活中与自恋者进行共情面质，你完全可以把故事中的自恋者想象为自己身边的朋友、配偶、老板、同事、兄弟姐妹或其他家庭成员。为了获得满意的结果，五个故事场景分别聚焦于一种技能：

- 区分错误和责任
- 设置边界
- 建立互惠规则
- 对进步给予积极反馈
- 整合最佳工具：慈悲和面对真相

区分错误和责任

丈夫斯蒂文答应来火车站接你，却迟到了二十分钟。一见面，他没有问候、解释或者道歉，而是冲你大吼："莎伦，你最好闭嘴，不要抱怨！我为了接你，不得不离开乡村俱乐部的朋友们，手机也落在那里了，一路忍受着该死的交通堵塞，来这里看你这张意料之中的臭脸。我真是有病！"你气得用手包砸他的脑袋，然后跳出他的车，回到火车上，决定这辈子不再见他。

好了，醒醒，这只是做梦。现在，让我们来看看更有成效的策略是什么。

先不要作声，给斯蒂文一个机会听听自己刺耳的话语在车里的回声，你也可以趁机让自己冷静一下。记得提醒自己，他这些举动不是因你而起，只是他又走上了那个熟悉的轨道。你瞥了他一眼，在这张刻薄而怒气冲冲的假面之下，看到了那个迷失的小男孩。你轻轻吸口气，向这个小男孩投注共情，然后说："你觉得中途离开朋友有点尴尬，也有点害怕因为自己迟到让我失望，我理解你不希望自己受这些情绪的影响。的确，我有些气恼——还有一点担心。不过你没带手机，也没法给我打电话，一定很沮丧。你预计我会因为你迟到而生气，这我能理解，因为我的确经常在失望时表现得不妥。我关心你所有的感受，包括堵车时不断升级的恼怒。但是你对我的批评和敌意的态度，让我很难对你表现出温柔。我希望能感受到我们之间的情感联结，但前提是，我需要你在说话时照顾我的感受，也请你直面自己的感受。对于这一点，如果你在冷静下来后愿意向我道歉，我会很感谢。"

之后车内是片刻的沉默，似乎一些想法在这时被播种下来。你也许会捕捉到他脸上一闪而过的凝思，但这个表情稍纵即逝，很快他说："好了，我拜托你别再说那种关于我内心感受的神经兮兮的话了。我恼火是因为我就知道会发生这个局面，但是不来接你的话，你又肯定会生气。就这些，没别的。别找我的茬。我今天忙着呢，有很多事要做。"

此时你也许又气得想用包抢他脑袋。我知道，这是一项艰苦的工作，不过我们还是要保持耐心，把责任再次交到他手里，话语中不带责怪地说："斯蒂文，我很感谢你今天答应来接我。我不会因为你控制不了的事情责怪你。你生气也没有问题，但是，要找到一个合理的方式来表达，而不是责怪我、贬低我。这样做我不能接受，这对我和我们的婚姻都是一种伤害。"

他又静默了一会儿，然后慢慢点头。这是暴风雨中的间歇吗？他继续开车，喃喃低语："好啊，行吧。"——这是一个开始。

在这一幕中，你用沉着而清醒的大脑让自己免受图式被激活之苦，保持泰然自若。你已经控制住了图式的开关，所以这次没有坐立不安、无助愤怒。

你意识到，在幻想的场景中，自己的举动不过是由图式驱动的反应，而对斯蒂文问题的新理解，对他的爱，以及出于自爱的自卫，使你有能力为彼此的互动编写新的故事脚本。你强调责任而非过失，同时也要求对方关注自己需求的合理性。你还对那个渴望被爱、被欣赏，又自觉不如人的小男孩给予了理解和宽容。毕竟，你已选择开始挽救这段婚姻了。

再强调一次，这是一项艰苦的工作。在生活中，你可能也经历过类似的场景，不过对事态发展的预测没有故事中这么乐观。也许在你看来，即使是斯蒂文和莎伦的故事的结局也不令人满意，但这仅是个开始。我们要记住，虽然大脑是具有可塑性的器官，但积重难返，若想促成长久的改变，需要时间、重复和持续努力，需要更换到更高的档位来爬上与自恋者相处的陡坡。新的对话方式起初让人感觉很做作，不过随着时间推移，如果这种方式的确体现了你睿智而坚定的诉求，它会逐渐成为你轻车熟路的主打曲。专注于当下的平静心态，会让你好像"带着活力醒来"——这种说法源自一位来访者，意思是他感觉自己每时每刻都在体验身边发生的一切。带着正念，陈旧过时的录音带里传出的扭曲信念就不再能蒙蔽他。

设置边界

你家的宝宝还小，你却接到老板的指令不得不到外地出差。这是你第一次离开孩子在外过夜，既自责又担心，不巧的是，丈夫也要值夜班。

因为时间紧迫，没法找到临时保姆，你只好不情愿地请婆婆来帮忙。当你在外地打电话回家时，婆婆一连串的"应该""必须""不得不"轰炸过来，她还告诉你，考虑到风水问题，她已经把婴儿房的梳妆台和床头柜搬出去了。其实要不是她说话的态度有些侮辱人，你觉得这事本身还是有点搞笑的。

这种事情让人困扰，但它可以激励你学习如何用共情面质为这位自恋的婆婆设置边界。首先，我们要理解她的行为以及相关的过往经历，然后要让她为现在的行为负责。出差结束回到家后，你要做的第一件事情就是感谢她的帮助，尤其感谢她在最后一刻改变日程来配合你。然后就要提到她令人烦恼的行为了，你可以这样说："我很欣赏您一直重视对标准的坚持，并把家务操持得很棒。但如果您不把这套标准用在我们家，我们会非常感谢。我很高兴看到您和宝宝的关系变得更加亲近，但请尊重我们的育儿方式，尊重我们对家务事的决定，哪怕您对我们的做法可能不认同。如果您不确定应该怎么做，尽管来问我们好了。这有助于保护我们的关系，免生嫌隙。"

你可能会想：开什么玩笑，如果我这么说，自恋者要么视我为空气，要么斥责我，或者干脆发动第三次世界大战。但是，即便她如此回应了，你仍可以继续为她设置边界，同时尽量保持共情。如果自恋者无视你，或者用轻蔑的态度调侃你，你就要告诉她："我知道很少有人挑战您，我也不想与您辩论。我只是想以很尊重的态度告知您，这件事没有商量的余地。抱歉让您不高兴，我不是有意如此。"假如她十分气愤，显现出攻击性，你要宣称自己不能容忍这种行为。你只需保持镇定，简单地说：

"如果您用这种方式说话，我们没法继续谈下去。"假如她还不依不饶，你可以挂掉电话，或径直走开。经过这一番互动，你至少知道自己为改善关系努力过了，你捍卫了自己的权力，同时也表达了对自恋者的共情。如果涉及的自恋者是你伴侣的家人，那么他的配合也是至关重要的。在设置边界的过程中，你们要夫妻联手，齐心合力。

建立互惠规则

现在是星期六晚上，你的男友克里斯刚刚提出要再次去他最喜欢的餐厅用餐。对于这个意料中的决定，你一直以来都是顺从的。你知道他对食物和服务很挑剔，此外，他每次步入这家餐厅，经理都会热情迎接并亲自安排立即落座，这种被当作名流的待遇令他颇为享受。可是你却不同，当你们路过那些还在等位的人，被他们用恼火的眼光盯着看时，你感觉很不好意思，所以你在考虑今晚找一家新餐厅。

当你提出这个想法时，克里斯只听了开头几句就皱着眉头打断了你的话，他说："我不想成为某个新餐厅的小白鼠，我们很可能要在那里等位，而且谁知道那里的菜品怎么样。还是算了吧。"他不再看你，又把头埋进报纸里，同时让你赶快收拾一下，"按计划"出门。

建议你花一两秒钟，瞄一下钱包里克里斯小时候的照片，你自己幼时的照片也在旁边。好好看着这个小男孩——没人教他如何分享、如何公平竞争、如何付出与接受。小克里斯的父亲让他失去男子气，母亲用爱淹没他。在处理人际关系和融入社会方面，他有很多困扰，与人打交道也让他很不自在。再想一下你自己小时候的状况——你内心那个小女孩总害怕别人会责骂她，她尽力取悦每一个人，避免让人失望，避免因此而内疚自责，除此之外，她不知还有什么其他的做人方式。

你朝脑中的小克里斯和幼年的自己微笑，深吸一口气，平静地说："克里斯，我们需要谈谈。我知道你特别喜欢到皇家餐馆就餐，在那里能得到热情接待，食物也对胃口，我能理解你很重视这些。跟你去那里我也感觉不错，只是每次其他等位的人眼睁睁地看着我们被优先安排，让我感觉有点不舒服。我提议换个地方时，你完全可以解释自己的感受，但我不喜欢在没说完话时就被打断，好像我说什么不重要。我只是要求尝试一下不同的东西，虽然在最后一分钟才决定新餐馆有些仓促，但是冒一次险又何妨呢？也许我们能想出一个让咱俩都接受的方案，你说呢？"

克里斯直到现在都没有与你进行过眼神交流，他目不转睛地盯着报纸，有点嘲讽地说："既然你都知道我喜欢去这家餐馆，为什么还要冒险尝试别的？"说完他继续读报。

你毫不迟疑地回答："克里斯，如果你在说话的时候能看着我，就像我做得那样，我会很感谢。你期望得到礼貌对待，我也一样。"克里斯的眼睛从报纸上移开，你继续说："谢谢！我很乐意考虑你的愿望，也期望你同样考虑我的，这是双向的，我只是提议，在共同参与的活动中，彼此都作出一些妥协。如果我们的关系要继续下去，双方都要感觉到自己是被重视的，自己的感受、观点、诉求能够被对方听到，并加以考虑。可是，好像我们在这方面并不对等。这是我不能接受的。"

克里斯用一种水波不兴的语气说："好的，我明白了。这件事我们可以沟通。不过今晚不行，下回我们可以尝试新餐馆，今晚我没准备好。"你感谢他耐心听完自己说话。至于他的表态是出于真心，还是只是搪塞一下，你都决定要敦促他兑现诺言。

在这一幕中，克里斯并没有真正地道歉，他只是简单地表示收到信息，并给出了一个承诺。我们不能确定他是否真的理解了你的想法，但他的确是收回了嘲讽的态度，并能有目光接触地用较温和的语气作出回应。这个案例想要强调的是，我们要对自恋者提出公平、互惠、轮流等原则。如果对这个故事按下快进键，下一步衡量进展的指标就是，克里斯是否可以爽快地兑现诺言。为此，你可能还要重申自己的需要也被满足的重要性。如果他忘记了承诺，又回到自动化的自我中心的老路上，你必须要表达自己的失望。

对进步给予积极反馈

在你准备一年一度的家庭节日聚餐时，你那自恋的弟弟里克打来电话。他先是祝你假期愉快，又说自己因为被突发事件绊住，要迟到一点。以前他在迟到时通常表现得很无礼，根本不打电话，即便打电话也是说："听着，我要迟到了。我不知道你为什么这么早就要开始晚餐。你简直是太紧张、太可笑了！"可是，这次他说："嗨，苏珊。我知道这看起来像是我的一贯作风，不过实在抱歉让大家等我，由于家里有些突发事件要处理，我大约要迟到20分钟。有什么要我带来的吗？"

你的第一反应是，有谁打错电话了吗？但你很快反应过来，对他说："哎呀，谢谢，里克。你那里没事吧？你想到打电话通知我，真是很周到。我想请你帮我带几个分餐勺，多谢你啦。"你很快就意识到，这是你和弟弟第一次以这样的方式互动。多年来，你一直通过真诚沟通来耕耘你们的关系，用共情面质来滋养它，今天终于看到了努力的成果。你接着说："里克，你知道吗？我真的非常感谢你在努力照顾我的感觉。这让我感觉与你更加亲近了。再次谢谢你！"他说："是的，我在努力，过去我们在这方面的确有问题。谢谢你注意到我的改变。"

当自恋者（或任何人）做出适当的行为时，要给出积极反馈，这么做与处理关系中的问题同等重要。是的，里克又迟到了，他可能在时间管理上还需要改进，但我们看到他为了显得更有责任感、更体贴，在行动上做出了明显的努力。你跟他一起耕耘这片土地很长时间了，采用了能用得上的全套工具。像这一次，你夸赞他的周到和小小的善举，就是在给出积极反馈。如果想让他感受到作为平凡人也可以被人爱戴，那么这类积极反馈是必不可少的。

在这一场景中，你没有夸张地说一些溢美之词，比如"了不起""伟大""完美"；也没有像曾经那样，为了引起他的关注，或者纯粹为了哄他开心，故意提及他出色的工作、豪华的汽车，或是斐然的文采。你只是对他简单地表达了认可，并感谢他能自觉而周到地行事。要记住，自恋者要想在人际关系中感到舒服，感到与他人的联结，就必须要学习自己小时候从未学过的东西，那就是相信"即使没有耀眼浮华的厚重包装，仅仅是真实地做自己，他就已经足够好了"。当他人的温柔、爱和接纳替代了过眼烟云般的奉承，他会醒悟，意识到并不需要刻意证明自己，也没必要非得做那个"领衔主演"。

整合最佳工具：慈悲和面对真相

今天是周四，这是你工作以来最具挑战的日子。在结束了充斥着各种演讲和会议的一天后，你回到家里，与丈夫艾德拥抱，你说想在晚饭前做做健身活动，缓解一下压力。艾德说："可以啊，随便你。"虽然嘴上这么说，但他的脸色不对，看上去怒火中烧。你还没问，他就说："凯伦，我烦透了你这么自私，烦透了你这愚蠢的工作，你为什么不辞职，找个别的工作呢？我受够了总是这么晚开饭，受够了你这么痴迷于健身。我不想再听你说这些废话了！我有比坐着等你更重要的事情，有些人为了能和我在一起愿意付出一切。你觉得我是谁？是个傻瓜吗？"他凶神恶煞地看着你。

你瞠目结舌，心想"他又来了"。你感觉有一股热流从胸口涌出，冲到脖子上，把脸都涨红了。也许你想尖叫表示抗议，然后跑到隔壁房间去哭一场；或许你想向艾德道歉，承认他是对的。还记得吗？我们说过应激反应不过就是战、逃或僵。但是，我建议你此刻停下来，深呼吸，解读自己的情绪，看有没有可能用稳定而诚挚的声音引导情绪，让自己避免沦陷于这三种威胁反应中。假如你此刻心烦意乱，无法进行共情面质，那么就花点时间让自己冷静下来，在重回现场之前与当下建立联结（我将在本章稍后的部分讨论如何让自己冷静下来）。在感觉能完全自控之后，看着艾德的眼睛，充分感受他内心那个在孤独和无价值感中挣扎的小男孩；另外，还要感受自己内心那个总是那么不自信，不敢为自己提出主张的小女孩。

然后，在自我辩护意识的加持下，你用平静的声音说："你知道吗，艾德，我并不相信你说的这些。不是说你在撒谎，而是我了解你，我知道让你表达对我的想念是件非常困难的事。当我忙于别的事情时，你就会觉得我不重视你，这一定让你很难受。但是你没有必要因此而贬低我，或者责怪我的工作。你那样对我说话，就让我更加没有机会向你表达关心。不仅如此，你威胁我，只会让我感觉受伤和愤怒。我非常重视你的感受，可是如果你不面对自己的真实感受，就破坏了我们在一起解决问题的机会。我想重新开始谈论这个问题，你看可以吗？"

艾德不相信你会这样反应，你没有逃离，没有反击，也没有让步，这让他暂时也放下了戒备。然后，他又恢复到一贯的不信任和不自在的状态中，他说："不要跟我谈感受，我已经告诉你了，我就是很生气，我的感受就是生气。"

你可以看到艾德内心的那个小男孩，他跺着脚，抱着双臂，心里偷偷期望爸爸妈妈能来抱抱他，赶走他的痛苦。你能感觉到他是如何牢牢抓住披在身上的防卫铠甲，他的嗓音都变了，虽然嘴上嚷嚷的都是愤怒，但是内心却好像要向你靠近，似乎在促使你再重申一次刚才说过的话。你走向他，回答说："艾德，我知道你很生气，但你的表达方式只会把我推开。可是我不认为你真的想把我推开，我猜你是想让我倾听你、关心你。我只要求你看看自己愤怒的背后是什么，坦诚地告诉我你受伤害的感觉。其实我在你旁边都能感受到这一点。"

你去拉他的手，他不好意思地默许了，用略带抱怨但比较温和的语气说："听着，凯伦，我知道这一周对你来说很艰难，但对我来说也很难。就是这样。对不起，你去健身吧。我会没事的。"

这个转变还是让人很欣慰的。你触碰到了他的内心，把小男孩愤怒的喷火龙面具取了下来。他的脆弱、你的脆弱，都被理性妥帖地包裹好了。与龙抗衡，却仅持一件非传统的武器——慈悲，这真是需要极大的勇气。你感谢艾德能够认真倾听并承认自己的真实感受，然后提议自己只做一个简短的健身活动，这样晚上就有更多时间与他在一起。他接受了你的提议。

你可能觉得这种处理方法既没有惩罚艾德的过错，也没有让他承担行为后果，所以是在纵容他的坏行为；还可能觉得艾德的表现如此无情，若换作是你，好像很难真诚地说出那些话；你可能还会想，"干嘛要忍受他，离开他算了"。事实上，这些想法也许都没错。有时，与自恋者的关系已经无从修补，你能做出的最佳选择就是设置边界，或是逃离这段关系。说不定你已尝试过共情面质，甚至耗尽了慷慨和慈悲，但仍然看不到起色；说不定你所受的伤害如此之深，已经根本没有力气和意愿再做更多努力。如果是这样，也完全没有问题。不存在绝对正确或错误的决定，我们所面临的只是有限的选择及相应的后果。但假如你还在读这本书，很可能是想与身边的那位自恋者继续相处下去。一旦你能够将正念觉知与对自己正当权利的捍卫整合在一起，就会发现共情面质的方式通常能带来令人满意的结果。

创造助力改变的杠杆

如果没有促进改变的杠杆，我们很难改变与自恋者的关系。在之前的例子中，与自恋者相处的人都是通过"不改变，关系就会崩塌"的后果来制造改变杠杆。在一些重要的关系中，比如夫妻、恋人、与伴侣的家人或与自己的兄弟姐妹之间，双方都不愿意轻易中断往来，我们则可以利用自恋者不愿失去这些关系的心理来创造改变杠杆。然而，随随便便、残忍粗暴地以此威胁自恋者，绝对不是明智之举，只会增加罅隙。在使用这一策略时，我们需要强调自己多么珍惜这段关系，多么害怕由于无法共同努力改善关系而导致分手。下面将讨论强化杠杆功能的三个重要工具：善意假设原则、以小见大法、暂停与冷静。

善意假设原则

善意假设原则是指，如果不确定别人的意图，就先做出善意的理解。我们可以向自恋者表示，他或许并不清楚自己的话有多么伤人，我们认为他不是故意要如此苛刻，但产生的客观效果却是让我们生气了。其实，大多数自恋者并不是真的想伤害别人，他们不过是想保护自己。尽管如此，假如他的言行伤害到了别人，就必须要承担相应的责任。对他做出善意的理解，就为之后要说的话做好了铺垫，可以避免破坏性、防御性的争执，保持自恋者改变的杠杆。

以小见大法

尽管自恋者声称自己不在意别人怎么看待他，但毋庸置疑，任何人都需要被人喜欢、被人接受，自恋者尤甚。我们观察到的他私下里的不良行为，只是他与他人乃至整个世界的关系的缩影。

在使用以小见大法时，你可以共情地指出，考虑到他童年时令人困扰的成长环境，你能够理解他的自我膨胀和特权行为。童年时的他，也许这一刻被宠溺，下一刻又被剥夺和忽视，所以他总想通过攫取地位、无视条规来获得别人的关注。在作出这些解释之后，你要继续告诉他，知晓这一点的人会努力去理解他的特点，会在爱的支撑下走近他，甚至宽恕他；但那些不理解他的人只会认为他太傲慢，不愿意与他接近，也懒得告诉他实情。自恋者应该不会躲避这番关爱抚慰，也应该不愿意忍受长期与他人心灵隔绝的痛苦，因而改变自己的意愿也许会得到强化。

暂停与冷静

想要维持让自恋者发生改变的杠杆，我们就要确保自己说的话被真正倾听到。当处于愤怒状态时，伤害性的话语可能就在嘴边，我们需要给自己一个冷静下来的机会，并借此解构那个按下你"气恼情绪按钮"的事件，这样做可以保证我们的声音被最大程度地接收到。在夫妻关系自助类及情绪管理类书籍中不乏这样的中肯建议：当愤怒逐渐升级，自己即将被怒火淹没之际，不妨暂停正在进行的人际互动，让自己冷静下来。暂停互动有助于阻止愤怒的升级，给我们自我反省的机会，同时也使应激的生理状态慢慢恢复常态。

约翰·戈特曼（John Gottman）是一位国际知名的婚姻关系专家，他认为，在经历损害关系的事件之后，若想进行治愈性的沟通，冷静下来是至关重要的前提，但这同时又极具挑战性（Gottman & Silver，2004）。他还指出，关系良好的夫妻也会争吵，但却不会伤害到关系；而关系本就脆弱的夫妻一旦争吵起来，就会有较大的破坏性，而且在进入修复状态之前，他们通常需要更长的时间来稳定激动的情绪及生理应激状态。

暂停互动时，双方要暂时保持距离，在一段时间里彼此隔离，不在一个房间，或者一方出去散散步。这种做法的核心是，在再次讨论有争议的话题之前，甚至仅仅是再次相遇之前，双方各自让头脑冷静一下。在图式治疗中我们也会建议，当你感觉自己的图式被激活，愤怒或其他压倒性的情绪席卷而来时，最好的做法就是找一个临时的避难所，喘口气，平复情绪。

在暂停互动时，下面的技巧可以帮助我们恢复平静。

呼吸

正念练习中我们使用的那种轻柔的、沉静的呼吸（见第五章）会很有帮助。在暂停互动期间，静下心来去感受自己腹部的起伏、肺部的扩张收缩、吸气呼气时鼻腔中的凉爽及温热，让身心沐浴在舒缓、安宁和平和的当下。

使用提示卡

制作一两张提示卡，用它提醒自己要小心识别容易陷入的图式陷阱，并回到此时此地的当下。提示卡扮演了引导者的作用，引导我们做出更健康的反应。你可以在卡片上写下第四章学过的四个步骤（观察、评估、识别和区分），再另外加上第五步——自我抚慰。

1.**观察**：留心你正在体验的感受。

2.**评估**：将相应的图式与这些感觉和反应联系起来。

3.**识别**：识别可能是由图式驱动的感觉和反应。

4.**区分**：抛开过去的阴影，从此时此地的角度看待自己。

5.**自我抚慰**：在当下寻找健康的方法来安抚自己。

示　例

1.观察：我感觉到自己对那个自恋者很生气。

2.评估：他想当然地评判我，使我感觉到自己被误解，心里产生怨愤，所以我的情感剥夺图式和自我牺牲图式正在被激活。

3.识别：我想尖叫，并想要惩罚他。我还注意到自己很想吃东西。

4.区分：这些都是无助的小女孩的感受，她不得不做出很多牺牲以博取别人的欣赏和注意。但现在的我不需要再证明什么了，我有我的选择。我不是无能为力，在与自恋者的关系中，我有自己的权利。向他发泄愤怒没用，暴饮暴食也只能缓解一时，它是在隐藏，而不是治愈我的痛苦。我有感到愤怒的权利，但是我不能让愤怒控制我。我是一个有能力的成年人，能够了解自恋者的问题及自己的问题。我可以有效地表达自己的感受，为那个脆弱部分的自我辩护。我可以捍卫自己的权利，不需要通过做什么来间接地发泄不满。

5.自我抚慰：我要做的不是陷入愤怒，或者用食物来压抑情绪，我可以做下面的事情：

- 写五分钟的日记；
- 给一个知道在这种情况下该如何劝慰我的朋友打电话；
- 写下我想跟自恋者沟通的内容，或者写下下次再谈到这个议题时，我要表达的内容，并加以演练。

转移注意力

在暂停互动时，用一些健康的手段来转移注意力有助于平复心情。例如：

- 读诗歌或写诗歌
- 听音乐
- 整理房间
- 列出待办事项
- 跳舞或唱歌
- 锻炼身体
- 冥想
- 洗澡
- 按摩

在必要时寻求外援

很多自恋者的伴侣或亲人问我，针对自恋者的治疗或是有自恋者参与的夫妻治疗是怎样的；如何找到合适的治疗师，他们应该具有怎样的特质；以及治疗自恋最有效的方法是什么。

在针对自恋的治疗中，治疗师不能仅是一位友善的倾听者，只像镜子一样映射自恋者的抱怨及对现实的逃避，还必须足够强大，能够禁受住自恋者的批评和愤怒攻击。因为如果治疗师太过被动，自恋者很可能浪费大量的时间来炫耀自己、责怪别人、寻求认可，还可能会奚落治疗师；如果治疗师被他吓住，他也能感觉到这一点，进而试图支配治疗师，让治疗服务于他自己的目的，甚至终止治疗。我们强调治疗师要对自恋有充分的认识，同时也强调他不能仅是一名通晓自恋知识和治疗方法的专家，还必须要足够真诚，如果显得过于聪慧和高明，反而会强化自恋者的竞争心理和疏离的应对模式。

对这些难以相处的来访者，治疗师必须怀有真诚的好奇心，愿意共情和理解他们，与其产生情感的共鸣；必须努力去体验他们的内心世界，即便不一定要认可其做法，也不一定要施展同情和关爱。事实上，共情面质是治疗中最核心的技术之一，在应用这项技术时，我经常对自恋的来访者这样说："是的，我理解，从小你父亲让你觉得自己可以为所欲为，不受束缚。但这个世界的游戏规则并不是这样的，他没帮你做好进入社会的准备，没教会你如何为自己给他人造成的影响承担责任，以及如何让自己真正地被人喜爱。另外，我必须要说，刚才你说话的方式让我很不舒服，让我无法将注意力集中在你想表达的意思上。我能想象，如果你平时就用这种冒犯无礼的语气说话，对方一定很难倾听你在说什么。"

在治疗中设置边界、让来访者为其无礼的行为负责，都要以共情觉知为起跳板。有时，共情觉知还可以撬动对来访者更深入的了解。持续不断地冲击和打破自恋者反抗性的回避反应和情感疏离状态，将帮助他改变自我挫败的行为模式，将其从深陷其中的痛苦情绪中解救出来。

最后，治疗师必须是真诚的，要说实话，要让自己处于正念状态，以治疗关系中的即时体验为镜，立足于当下进行讨论。自恋者往往对人抱有一种泛化的不信任感，特别是对关心他们的人。如果能及时探讨治疗互动中发生的事情，袒露真相，就会创造一种更为信任、更有安全感的治疗关系纽带。最终，治疗师必须有能力告诉自恋者真相，并在毫不贬损他的情况下为其设置边界。借此，治疗师就对来访者进行了"重新养育"，通过满足他内心脆弱自我的核心需要，滋养和强化了健康的成人自我。

本章小结

改变将是一项艰巨而磨人的任务，不是每个人都做好了改变的准备，甚至有人没有改变的意愿和兴趣。改变中，一个主要的障碍是恐惧，我们害怕唤醒嵌入在图式中的可怕感受，即使改变的目标就是为了平息这些感受。但是有关大脑的知识告诉我们，改变是可能的，改变将使人重燃希望。本章讨论了可以采取的行动，还通过示例介绍了几种促成改变的重要工具。在接下来的最后一章里，我将继续引导你更自如和灵活地应用新习得的沟通技能。前面提到的要点还会被详细说明，并为满足你的需要做出个性化的设计。

第八章　应对困难关系的七个技巧

　　每个人都有自己独特的沟通方式，这是由先天的秉性和后天习得的技能共同塑造的，通过口头或书面的言语表达、面部表情、行为和肢体动作等形式表现出来，并与他人建立关系和联结。本章所讨论的沟通天赋与"口才"无关，而是指能够适应于情境进行坦诚的沟通，从而在个人发展和人际关系方面获益；也指不仅关注说话的内容，还注意说话的方式，能体贴、用心地参与互动。

　　"gift"一词在英文中有多重含义，它既可以指自愿赠予他人的礼物，也可以指赠予行为本身，还可以指天赋，即天然的品质或能力。我们用天赋来描述人的品质或能力时，往往认为这是生来就有的。谈到沟通天赋，好像意指一个人拥有与生俱来的触动他人心灵的专长，其实不然，这种天赋也可以通过不断练习及强烈的意志培养出来。我认为有天赋的沟通者就是那些主动学习如何倾听内心智慧、理解人生意义的人，正如你在阅读此书过程中所做的那样。有天赋的沟通者懂得观察、倾听和探索外部世界的重要性，他们以优雅、体贴、有风度的方式表达自己，并与他人对话。令人欣慰的是，这种天赋是我们每个人都能学会的。

到目前为止，你对自己有了更深入的了解，尤其是在与自恋者的关系方面。你获得了新的内在智慧，学会了专注于当下、区分真实与虚幻的技巧，对现实有了新的感知，共情能力也有所提升，这使你能透过自恋者的层层伪装，看到他内心那个脆弱孤独的灵魂。你可以不带防御地提出自己的主张，因为防御对你来说已无必要；也可以提出经过深思熟虑的要求，而不必诉诸对抗和反击；你能预见到冲突矛盾可能发生，但不再焦虑，因为你已掌握一套修复互动关系的新技能。没有人有足够的力量去改变另一个人，意识到这一点会让你如释重负。不过，你已经学会了自我表达和共情倾听的技能，这将对关系发挥积极的影响，也为新的关系格局开辟了空间。有了这一切，你就具备了一种潜力，通过精心打造的沟通艺术，将你的天赋（或说是"礼物"）包装起来，分享出去。

电影《星球大战》中的"愿原力与你同在"，想必大家都不陌生。绝地武士的哲学认为：一种有觉知力的星际能量存在于我们所有人的体内，将我们联合在一起，并赋予我们在黑暗时刻抵御对手、创造光明的力量。我想提出一个类似的方案，包括灵活性（flexibility）、开放性（openness）、接纳性（receptivity）、胜任力（competence）和探索性（enlightenment），将这些词的首字母连在一起也是FORCE——原力。

当我们的头脑处于活跃的原力状态时，与他人的互动会更加真实和富有成效，我们可以分享更多的智慧，在黑暗时刻散发出温暖而灿烂的光芒。在与难相处的人互动时，我们要调动共情和专注力，展现出"原力"中的所有要素。

关系陷阱：如何与自恋的人相处

- **灵活性**：根据现实情况，灵活调整我们的表述、提问和回应方式，抵制和抛弃那些僵化刻板的倾向和想法。

- **开放性**：倾听时不带评判，不带预设，不急着下结论，开放地接纳新发现。

- **接纳性**：用目光接触、面部表情、身体语言，结合话语和语调，向对方表明你已准备好与之建立联结，请他提出想法、表达情感，而不必担心被打断、被评判、被抓到小辫子。

- **胜任力**：做一个可信的、能共情的倾听者。表达时有逻辑和感性，倾听时有热情和同理心。在真诚沟通方面做对方的角色榜样，但不能以收获欣赏为目的。

- **探索性**：保持好奇心。对交流彼此的见解抱有兴趣，也鼓励对方表达自己的想法。通过言语和非言语信息，创造一种乐于相互认识和理解的氛围，愿意以知识之光照亮无知的黑暗，也邀请对方这样做。

在泰然自若的状态下，一个人才能够进入原力状态，即使有效沟通的"艺术"包含了所有原力要素，但如果发生在被迫状态下，也不可能真的奏效。它必须要像春天的树叶一样，自然而优雅地舒展开。我们内心的资源虽然看不见摸不着，但它确实存在。如果你曾遭受过自我牺牲图式或屈从图式的误导，那么有必要认清这一点：泰然自若绝不等同于自私，前者意味着在付出与收获之间取得平衡，而后者则是走在一味索取的单行道上。泰然自若意味着个体对自身有清醒的认知和坚定的自信，意味着欣然接受和认同自己的独特性。我们在这本书里讨论的一切内容，其目的都是在将你引上这条路。

利用新学到的技能创造一种与自恋者互惠而有回报的关系，会让我们感觉如释重负。无疑，一段令人满意的关系是生活所能提供的最丰厚的礼物之一。此外，与自恋者进行有效沟通的技能，绝对可以运用于其他具有挑战性的互动中。毕竟，自恋者是这个星球上最擅长触发别人脆弱按钮的群体，若能应对他们，那么几乎其他所有人都将不在话下。

在本书中，我们学到许多与自恋者相处的工具，从最基本的如何在关系中生存下来，到更高级的如何让关系具有养分。这注定不是一个轻松的旅程，但随着时间的推移，你也将更熟练、更协调地运用这些工具。所有工具——包括识别彼此的图式、预见有挑战的互动、保持正念觉知、进行自我反省、专注于呼吸、使用共情面质、施展慈悲等——都是整合在一起使用的，在面临具有挑战的人际互动时，它们的共同作用将点燃我们内心的原力，为我们的声音注入活力，让我们的立场得到加强。

这与打网球有些类似：我们需要预测对方的动作，左右移动到合适的位置，视线时刻随球移动，根据需要调整反应，用力击球。整套动作一气呵成，然后再为下一次击球作准备。要想做出令人满意的击球动作，一定要通过反复练习来整合这些动作和技巧，最终才能形成标准的自动化反应。

到目前为止，本书介绍的沟通技巧都聚焦于如何与自恋者打交道。以下将讨论一些适用性更为广泛的策略，它们可以对之前学到的技巧起到增效作用。

- 让效果与意图相一致：在开口之前，仔细思量自己要说什么、怎么说，以确保倾听者接收到的，正是你想表达的。时刻记住自己希望传达什么信息，并基于此选择恰当的词句和表达方式，保证对方准确无误地接受你想施加的影响。例如，如果你意识到自己很生气，但想表达的是自己的孤独感，那么就要有意识地自我控制，避免被愤怒淹没。

● 示范：给对方树立一个榜样，示范你希望对方做到的样子。比如，如果我们能够冷静而恭敬地说话，那么对方很有可能也用相同的方式回应我们。

● 建立合理的预期：了解对方，知道他能做到什么；了解自己，知道自己那一刻感觉如何。不是所有的日子都适合挑战棘手的问题，对时机要有所选择。还要倾听自己的身心，谨慎权衡什么问题值得为之一战。

在我们学过的与自恋者打交道的技能之外，还有七种沟通天赋，它们可以补充先前学过的技能，有利于滋养包括与自恋者的困难关系在内的所有人际关系。每种天赋都会用一个小故事来说明，虽然这些故事大多描述的是夫妻之间的互动，但其中呈现的沟通技巧也适用于其他人际关系，如父母、朋友、兄弟姐妹、老板、邻居等。同时，我们要记住，为了让这些技巧发挥最大效能，必须辅以坚定的目光，耐心的倾听，节奏舒缓、自信而清晰的表达。当然，必不可少的还有原力（FORCE），即灵活性、开放性、接纳性、胜任力及探索性。

在人际互动中坦诚地进行自我表露对彼此都具有价值。分享自己的想法及内心的力量和智慧，有助于我们提升自我价值感；也启发自恋者效仿我们，治愈他们内心那个没有安全感的受伤的孩子，这将为关系的改善开启希望之门。我们即将讨论的七种沟通天赋都各与一种特定的沟通艺术有关，假如你可以利用好它们，身边的自恋者可能会受到潜移默化的熏染，进而打破自己的恶性循环，成为更有效的沟通者，而你也会从中获益。当然，沟通的艺术数不胜数，它们各有妙处，但就本书的目的而言，以下七种是最为相关和实用的。其中，相互尊重的艺术赠人以慷慨，自我表露的艺术赠人以勇气，明辨今昔的艺术赠人以真相，合作的艺术让人同舟共济，预见冲突的艺术赠人以远见，道歉的艺术赠人以责任担当，反映式聆听的艺术赠人以平衡。

相互尊重

我们都知道，如果人们对事情的看法完全一致，就会相安无事；相反，观念分歧则为持续的戏剧化冲突搭建了舞台。相互尊重意味着承认自己和别人之间存在差异，不会因此为对方或自己贴上负面标签，这就是慷慨的艺术。我们接受自恋者有不同的观点或偏好，不会因此而挑剔苛责、自我防卫，或丢弃自己的观点。理解并不必然意味着认同，对于对方的想法、信念和诉求，我们尽力去理解、尊重，甚至在必要时作出妥协，也期待对方用相同的方式对待我们。

例如，当丈夫说"我已经决定了这个季节雇谁来打理我们的花园和草坪"，但你对此有不同看法时，可以这样表达尊重："我理解你想聘请专业园艺师，你特别重视居家环境的美观和保养，我会郑重考虑你的意愿。谢谢你在这件事上做了那么多功课。对于你的计划，我持开放态度，不过还想再多讨论一下。我有些矛盾，你知道我的朋友朱迪，她儿子现在急需找工作。如果不给他这个机会，我感觉不太好。我知道把友谊和生意搅在一起有风险，但还是想给他一个机会。我听说他人很好。我们可以一起好好考虑一下这件事吗？也许你能帮我判断选择他到底合不合适。"如果自恋者回应的态度是不耐烦或居高临下的，我们可以运用第七章的"善意假设原则"（姑且相信他本意不是要伤害你）和建立互惠规则的技术。

自我表露

自我表露可以让我们卸下隐瞒真相的包袱，展现出勇气；让我们忠诚于自己的内在力量，不再像过去习惯的那样暗自抱怨，而是向自恋者展示自己真实而饱满的体验。这样做不是为了让他看清自己的面目有多恐怖，而是为了帮他了解自己的行为对他人的影响。把脆弱性暴露在自恋者面前，看上去就如同试图拥抱一只凶狠的狐狼，但我们已经知道，他的吼叫只不过是在虚张声势地自我保护；或许，说他是一只披着狼皮的绵羊更合适。当你不愿再总是被动地接受人身攻击，不愿总是无望地屈从时，自我表露的勇气将为真正的交流开启大门。

我们举个例子，假如你的丈夫下班回到家，一脸不高兴，咆哮着说："我真是受够了一进家门就看到你在打电话。看看这个家！今天的邮件在哪里？你腾出点时间跟我讲话会死吗？哦！算了，当我没说。"

你可以深吸一口气，平复一下情绪，然后回答："我知道你回家看到我在打电话会感觉不舒服，好像我对你不够重视。我能理解，很抱歉让你有这种感觉。其实我每天都期待着见到你，但我实在不能预测你什么时候回家，因为每天时间都不一样。不过我现在特别想让你知道的是，你刚才那样对我说话，我很难受。我知道你不是有意伤害我，但我的确感觉受到了伤害。即便我真心希望我们的关系是充满爱的，但当我感觉受伤时，也很难感受到对你的爱意，更谈不上表达爱意了。以往我都是让步，心想'算了'，但现在我不想再这样了，我想跟你一起努力，看看怎么解决这个问题，希望你也愿意。"

明辨今昔

图式是自恋问题的核心所在，因而在与自恋者打交道时，辨别"此时此地"和"彼时彼地"的能力特别重要。当我们能明辨今昔时，就会以一种立足于当下的心态清醒地与人交流，过往岁月留下的重重蛛网被清除干净，心灵安住于此时此地，承认历史，却不屈从于历史。与许多人一样，你身边的自恋者也容易不自觉地让过往的记忆主宰了自己对当下现实的认知，我们可以帮助他从一堆自动化的信念和习惯中，区分出哪些才是此时此刻的现实，哪些仅是陈旧过时的幻象。我们学习到专注于当下现实的重要性，而且一直在努力操练这一技能，因此已经做好了充分的准备去"叫醒"自恋的人。

例如，当你问丈夫何时动身去他父亲家吃饭时，他说："我们去过那里多少次了？一百次都有了吧？你难道不知道路上要花多少时间吗？为什么总是拿这种愚蠢的问题来烦我？我周一有个重要会议，正在准备会上的发言，想赶快完成。你就这么分不清轻重缓急，不知道这事儿对我有多重要吗？我想多挣点钱，就必须把这个项目做好。我压力很大，你知道吗？"

此刻，你心里清晰地浮现出一个小男孩的形象，这个孩子总是试图取悦父亲，然而收到的却总是父亲不耐烦的眼神、严厉的批评或冷冰冰的沉默。因此，你意识到丈夫的反应并不是针对你，也不是针对你提出的建议。他的狂躁体现了自己失调的心态，虽然你感觉被他恶劣的态度冒犯了，但能够理解他不过是受到了图式的左右。而你要做的，就是牢牢立足于当下。回望自己的过去，你看到一个小女孩，只要能让家里安宁，无论什么指责她都甘愿承受。过去的记忆被唤起，铸就了现在的感觉，这种感觉如同一列俯冲下山的特快列车，在你的头脑中势不可挡地呼啸而过。不过，现在你意识到，它只不过是被图式驱动的不合时宜的反应而已。

于是你深吸一口气，让自己冷静下来，看着这位被内心隐藏的恐惧紧紧捆绑的丈夫，对他说："我知道你很忙，但还是想再占用你一点时间，因为我很重视我们的关系。你说得对，我们去过你父亲家很多次，路上要花多少时间我很清楚。我能理解你在工作上压力很大，而且总是想保持我们的生活水准，因此你工作很勤奋，我感谢你为这个家的付出。可能我应该问得更明确一点，如果我问'你想早点出发，在晚饭前与父亲多待一会儿吗？'也许你就会好好回答了。你看，亲爱的，你面前的人是我——一个懂你、知道你做得很棒的人，一个真正理解你的人，而不是你父亲。我猜想，你自己都未必能意识到，与父亲在一起是不是总会勾起你各种不愉快的回忆？那些年跟他相处你一定很不容易。不过他现在变得温和多了，所以我看到你在试图更接近他。不要让这件事破坏我们的关系，如果你愿意倾诉，我时刻准备倾听。"

如果情况仍得不到缓和，可以考虑暂停互动，让双方都冷静一下，在重新讨论之前各自反省。

同舟共济

合作意味着与对方成为共同体，这会激发出"我们"的力量，即使人人皆有局限，都会犯错，但若在一起共事，仍可为彼此提供助益。在"我们"的状态下进行沟通，共同负责的态度将渗透在对话的字句之中。我们已经了解到，自恋者对自身缺陷和羞耻的感受极为敏感，对被他人控制或利用有着超乎常人的恐惧，在与人建立情感联结方面又总是力不从心。当这些感受激活图式时，他会一下子遁入颐指气使、虚张声势、欺凌他人或逃避现实等行为模式中。合作的交流方式遏制了我们对人指手画脚的冲动，对自恋者尤其适用，他会比较放松，不会那么快披上防御盔甲。

认知治疗师和图式治疗师用"我们"的沟通态度来调和治疗中可能出现的地位较量。也就是说，治疗师提供自己的专业知识和人类共有经验，帮助来访者澄清感受，并将过去和当前问题建立关联。他们邀请来访者理解自己、挑战和质疑非理性信念，带领来访者为自己找到一条新出路。这其中完全没有权力较量，合作的目标就是促进对问题的理解，找到共同认可的改变策略。

在对自恋者的治疗面谈中，如果产生不舒服的感受，我常会说："哇，大脑是不是很神奇？前一分钟，我们还怀着好奇心和同情心，探究你过去或现在面临的挑战，后一分钟我们就突然对彼此感觉不爽了。让我们来看看这是怎么回事。"意识到感受上的变化，并打算一起探讨这一变化，可以自然而然地再次激发起整体感，而且巧妙地避免了让来访者感到被责怪。此时他也会将注意力转向对触发事件的探讨，而不会陷入自我破坏的应对模式。

自恋者往往将脆弱隐藏于密不透风的自我保护高墙之内，于是这种合作导向的沟通方式特别适用于他们。既然图式一不小心就会被激活，治疗师也不能预料何时会踩雷，那么在试图改善彼此关系的交流中，就应该巧妙地建立"我们"的意识，把"同舟共济"作为礼物馈赠给自恋者。

例如，当你给自恋的母亲打电话，邀请她与你共度一天时，她回答："我愿意去，但请你不要再带我去上次那家恶心的餐馆了，那实在是太糟糕了。我把你养大是为了让你有良好的品味。想去购物的话，你最好要安排一顿早午餐或者晚上的正餐。你为什么总是不能做出合适的决定？坦白说，我很高兴在城里度过一天，可你看起来总是紧张兮兮的。好吧，你决定吧，亲爱的。我相信这次应该会好的。"

你已经为修复母女关系付出了很多努力，也已能够接受母亲不擅表达对孩子的爱和欣赏的现实，还学习了如何与他人保持有爱的、健康的、治愈的关系。在回应母亲之前，你提醒自己"我是爱她的"，虽然有时不知道自己为什么会如此。你带着一丝幽默，告诉自己要保持合理期望。在想象中，你用一只充满爱意的手捧住了幼时那颗痛苦的心。你回顾了一下母亲的自恋是如何形成的，并告诉自己虽然她经常不着调，但她是爱你的。带着这些想法，你对电话那头说："妈妈，您看我们想让对方满足自己的需要有多难。我只是想与您待在一起，至于怎样度过这段时间，其实并不重要。我们可能都觉得有点可笑，又有点可悲，为什么总看不惯彼此的选择和品味。也许，我们要想出一个更好的办法来让对方满足自己的需要，而不是总看对方不顺眼，想要批评指责。如果今天的话题重新开始，我想告诉您，我们一起做什么不重要，重要的是我们在一起。如果您觉得我们在一起做什么的确很重要，也没问题，我们可以想出一个两人都认可的计划。这样就简单很多，大家都不必委屈自己，您看怎么样？我们要不要重新开始这个话题？"

预见冲突

若能预见到可能会发生的冲突，我们就能提前采取行动，以免落入原本可以避免的陷阱。"远见"的天赋是由大脑的生理结构决定的，我们生来就有能力从过去的记忆中总结经验，预测未来会发生什么。比如，对一个相识已久、足够了解的人，往往他说了前半句，我们就知道后半句是什么；再比如，在通勤路途中遇到急转弯时，记忆会告诉我们，为了避免汽车失控，要先减速，再加速进入弯道。储存在头脑中的各种"如果……将会……"逻辑和关于"如何做"的知识会带给我们安全。人类似乎有无限的记忆经验，因此甚至可以在不假思索的情况下，预知可能面临的麻烦。在这种天赋之外，再加上对正念觉知的不断修炼，我们就能兼备丰富的经验智慧和强大的现场反应能力，这有助于我们重建与自恋者沟通的基础。

例如，你已经好几个月没有见过父亲了。最近他邀你共进午餐，然而在两次推迟之后，在约见前的最后一刻，他第三次打电话来取消见面，理由一如既往还是因为工作。他说："宝贝，恐怕我们的午餐会面又要取消了。工作上实在安排不开，我有个客户……当然，我也可以不见他，但是……你了解老爸的，别因为我不开心哦。我会再跟你通话，先挂了。"

其实在两个月前他第一次邀你共进午餐时，你就预见到了这一场景。多年来，这一剧目反复上演。他有关时间的承诺你都不能当真，只有在你不询问他的意见就要买车、换工作、度假，或做一些重大投资决策时，他才愿意跟你见面，因为他要借此彰显自己作为父亲的重要性。你感谢他在这些方面的付出（毕竟，他总能给出明智的建议），但同时也期望他对你生活的其他方面产生些兴趣。你几乎放弃了对他所有的期望，但内心仍有接近父亲的渴望。你希望在自己的生活中，多留下一些父亲的痕迹，也许是为了你的孩子，也许是为了你自己。但你希望达成这一愿望的过程中，不要有太多怨气。

不幸的是，处理父亲的事情并不像处理通勤路上的急转弯那么简单。过去，你一直未能找到一条有效的途径让自己摆脱纠结，让自己在这种互动中毫发无伤。但现在不同了，如果预见冲突的天赋被唤醒，再加上一些防患于未然的措施，你就可以用平静安详的口吻，不带任何抱怨、攻击或不悦地回应父亲。你很清楚（比父亲自己清楚），他对自己怀有深深的不足感，在与人沟通时倾向于压抑情感；他通过努力工作、提升竞争力来弥补这种不足感；当被指出他对家人不够关心时，他立马就会进入防御状态。此外，你还知道，他需要时间来整合信息，而不能当即就作出适当的反应。

基于这些对父亲的认识，以及多年积累的失望感受，你回应道："爸爸，在您挂电话之前，我想再占用一会儿时间。我知道这样说可能会伤害您的感情，我知道您在意我的观点，对我很重视。我也知道工作对您很重要，我们全家都受益于您事业的成功，对此我心怀感激。但是，我真的很希望能有更多时间跟您在一起，不需要任何特别的理由，就是简单地在一起待着。我们可能会聊聊自己的故事，开开玩笑。您可能觉得这样相处太感性，甚至太肉麻，但是我的确很想念您，您每次取消跟我会面时，我都很失望。如果您多给我一点关注，表现更多的关爱，我会特别感激。其实，为了能见到您，我特意更改了自己的时间安排，现在也变不回去了。爸爸，我无意埋怨您，只想请您考虑一下这样做对我的影响。我不想让您有负疚感，但还是希望您能理解我的感受。您不必现在就回复我，我知道您赶时间，谢谢您听我说这些。"

承担责任

真正的道歉是出于对受伤一方的关爱同情，而不是作为自我救赎的手段，不是为了让自己免除罪责感。我们的言语、情绪和行为会对他人产生影响，为此我们要承担责任，尤其当别人受到我们的伤害时，更要勇于承担责任。既然我们希望关系双方是平等互惠的，那么就要率先作出榜样，以期望被自恋者对待的方式对待他们。因此，如果对方因为我们受到伤害，在了解原因之后，出于同情心，我们需要诚挚道歉，而对方今后也会出于对我们情感的尊重而致歉。这里需要强调一点，道歉表达的是真诚的悔意，这其中不包含自我厌弃和罪恶感。

例如，假设你的男朋友很反感别人迟到，不喜欢等人。他这么重视准时，主要是因为自己有个不靠谱、不上心的社交名媛妈妈。妈妈在他小时候，经常忘记接他放学，或者忘记接他从朋友家回来，这让他感到害怕和尴尬。所以对准时与否的问题，他非常较真儿，即便是不可抗力导致的迟到，他也不会原谅。你了解这些，因此总会小心翼翼，避免让他内心的小孩再次遭受这种恐惧和羞辱的折磨。你也重视准时性，不喜欢让人等你。但最近你有些心烦意乱，感到有压力，甚至与他约见时也会迟到。你意识到自己最近在时间管理上比较随意，但没有跟他开诚布公地谈论此事。男朋友很明显因此感到不悦，但他也不说，只是对你有些疏远。

于是，你主动迈出一步，对他说："很抱歉，我最近总是迟到。我感觉你对我生气了，对此我完全理解。我比别人更了解你的过去，了解你和母亲之间的事情，所以我很清楚别人说话不算数对你有多大的伤害，当这个人是我时，你更加难受。以前妈妈在该来的时候不来，让你觉得在别人眼里自己像个被遗忘的傻瓜。但你要记住，你不是傻瓜，我没有遗忘你。迟到是我的问题，我会努力改正。对不起。我不想伤害你。虽然我没法承诺在这段感情中永远不会让你失望，但我会尽我所能更加细心周到。"

你期望男朋友在听到这些话后，会感到自己被理解、被关心，心灵得到抚慰。同时，你也清楚自己不是坏人，没必要对自己施加惩罚。你能够公允地判断自己在这段关系中积极和消极的作用，并愿意承担相应的责任，这是治愈破裂关系的有效路径。这么做也是在提供一个示范，今后如果类似的伤害发生在你身上，你期待自己也被同样对待。当轮到自恋者有所表示时，他已在你的示范中学会了如何负责任地、富有同情地修复你受到的伤痛。

真诚聆听

反映式聆听指对别人表达的内容有所反映，并能提取出其中隐藏的情感。这种能力让我们一方面知道如何表达自己，另一方面也知道如何抛开私利，敞开怀抱邀请别人表达。我们要作一位有温度的交流伙伴，有足够的尊重和耐心，鼓励对方自信地分享想法，不用担心被评判。我们仔细聆听，对所听到的内容不加评判，没有偏差地复述，以达到澄清和确认的目的。尽管我们可能有不同意见，但要等轮到我们表达时再说。

坦诚交流对自恋者来说是具有威胁性的，他们一般不会这么做，因此我们需要温和地反映出他未说出口的话，剥离和确认他们话语中那些隐晦的含义和隐藏着的脆弱性。通过聆听和反映，可能让彼此有更多的发现——从对某一问题的了解，到心平气和地处理有争议的议题；从感受到彼此隐藏着的愤怒、冷漠或回避，到神奇地发现自己拥有从未意识到的力量，发现自恋者在被认真倾听之后竟也听得进去别人的话。

比如，假设你丈夫苦于自己创意枯竭，害怕在即将到来的工作会议中讨论团队来年的愿景。作为一个不太能忍受挫折的人，他这段时间以来极其紧张，心烦意乱。在绝望中，他将压力转嫁于一位没多少经验的同事，让他提供报告的数据。会后回到家里，他坐在餐桌前，开始抱怨这倒霉的一天。他说："简直是一场噩梦！这种小人物竟敢在部门会议上让我显得那么无能！他才是那个无能的人，他讲的东西简直不可理喻！我的搭档、同事，还有下属，在听完他发布的这个毫无意义的报告之后完全无语了！他还想让我帮他收场，我竟然也就这么做了！我没开除他真算他走运。你能想象吗？我帮了他这么多，扶他一步步往上爬，他竟然用这个来回报我。没有我，他就一事无成。我早就知道他根本不值得信任。你不要想教训我什么，我可没有心情听，对你那种'我早告诉过你'式的说教我讨厌透了。我不想再谈这件事了。"

停顿了一会儿，他又忍不住继续："我以前不是说过吗？当初就不应该听搭档的话让他进我们部门。去年是谁凭一己之力把市场团队带到业绩高峰的？除了我还有谁！会上每个人都知道，就算没有胆量或没有良心公开说，但他们心里都有数。"

你一直在安静地倾听，眼睛注视着他，即便他只是偶尔看你几眼。他在提到"教训""'我早告诉过你'式的说教"等字眼时，你感觉有些被刺伤，但把这种感觉暂时先放在一边，让自己仍处于一种专注当下的、非防御的倾听状态中。你可以清晰地看到他受到了自恋式伤害❶，他在最后一刻摔锅给一位新手同事，却全然不愿承担做出这种糟糕决策的责任。对于这一观察，你也加以搁置，仍保持在专注当下的、无偏见的倾听状态中。

现在他停了下来，留给你一个给予反映性、支持性回应的机会。你对他说："你肯定很生气。我知道你工作上有多努力，却觉得自己没有得到应有的赏识。上周你感觉自己不在状态，因为没法想出有创意的方案而感到很沮丧。尤其是面对这种有时间限制又比较重大的项目，没人可以为你分担，真是很糟糕。这位报告的同事代表不了你的水平，但团队里又没有任何人出来替你说一句话，听上去还是很让人难受的。向人开

---

❶ 指自恋者在面临感知到的或真实存在的批评、限制或对其有害行为的问责时，甚至在自认没有受到应得的赏识时，所感受到的伤害。——译者注

口求助不容易，更何况你又一直对自己能独当一面而感到自豪。你刚才说的这段经历，让我对你的压力感同身受。有什么我可以为你做的吗？"

事后，你处理好自己在之前交谈过程中被搁置在一边的不适。在心情比较平静的情况下，你们又有一次交谈的机会，这次你向丈夫提到上次的心结，这是与你们的关系更为密切的部分。你说："上次你提到，你不想在气头上听到我教训你，你预测我会说'我早跟你说过'这样的论调。我想知道，你是真的这么觉得，还是因为那个会议让你心情不好，才口不择言地说这些。"

他澄清道，说这些主要是因为心烦，但有时也的确感觉到你在对他指手画脚地教训。你接受他有这种感觉，并建议他以后再产生这种感觉时，务必向你提出来，因为你不希望他觉得你对他漠不关心，或者要有意侮辱。（在此刻没有证据的情况下，纠缠这一点没有意义，因为很可能会演变为一场冲突，上演"不，我没有"和"是，你就是"的拉锯战。）

下面的议题有点棘手。你要向他呈现自己对此事的观察和思考，向他说明，也许他对同事的愤怒，在一定程度上只是错置的对自己的愤怒，他只是恼火于自己没有达到自我设定的高要求而已。你温和地指出，是他对自己过高的要求，使其难以容忍别人的不完美。他渴望听到别人恭维仰慕的表达，但请你一定不要说这样的话，反而要去赞赏他在沟通中的诚实、追求卓越的热情、为达成目标的孜孜以求。你坦诚地接纳真实的他，允许他时不时在你面前放下防御，在你肩头休息片刻。这种沟通对他来说是一种精神上的馈赠，也同时在向他示范你期望得到什么样的沟通。在你的示范下，他也许会参透其中精髓，学会如何倾听你的心声。

本章小结

本章描述了与自恋者有效沟通的七种天赋及与之相关的人际互动艺术。当我们怀着具有灵活性、开放性、接纳性、胜任力和探索性的心态，运用这些沟通艺术来真诚地表达自己时，我们就真的"与原力同在"了。

巧妙运用这七种沟通的能力，将促成更健康、更亲密、更令人满意的人际互动。当我们深思熟虑地选择交流用到的词汇、语调、节奏、眼神、面部表情和肢体语言，准确地表达自己的想法和意图时，就是在向对方示范我们期望被对待的方式。没人能确保一定会成功地改变他人，而改变自恋者的难度更大，他们绝不会自愿寻求帮助来打破自己难以逾越的情感壁垒。不仅如此，当他们发现有人要这样做时，会不惜一切代价避免这类互动，可能表现为拒绝、嘲讽、责怪他人，抑或采用逃避和转移注意力等各种伎俩。

尽管如此，你已经学会了如何利用善意和关爱的力量开启改变之门，以及如何在必要时创设改变的杠杆。无论这番改变的尝试最终结果如何，无论自恋者或你们的关系是否被改善，至少有一点是肯定的，你在解救自己摆脱恐惧、胆怯、屈从、自我牺牲，甚至辱虐的过程中，发挥着至关重要的作用。你要做的就是，识别自己早年经历中的生命主题和图式；留意那些容易激活图式的外部事件和内心征兆；设定自己与他人之间的界限；做出既能适应于自恋者，又不必让自己纠结困扰的反应。解放这个健康的、睿智的、觉醒的自我，也许就是我们的终极成就。

本书讨论的所有策略，对于改善与自恋者的互动体验来说，都是有效的自助工具。然而，心理自助之旅既孤独又艰辛，图式顽固而僵化，有时哪怕你已竭尽全力，它还坚不可摧。有时候，专业治疗师的帮助会发挥巨大的价值。如果你选择寻求专业帮助，我建议你联系一位精通认知行为疗法，并接受过图式疗法训练的治疗师。

参考文献

Brown, N. W. 2001. *Children of the Self-Absorbed: A Grown-Up's Guide to Getting Over Narcissistic Parents.* Oakland, CA: New Harbinger Publications.

Giesen-Bloo, J., R. van Dyck, P. Spinhoven, W. van Tilburg, C. Dirksen, T. van Asselt, I. Kremers, M. Nadort, and A. Arntz. 2006. "Outpatient Psychotherapy for Borderline Personality Disorder: Randomized Trial of Schema-Focused Therapy vs.

Transference-Focused Therapy." *Archives of General Psychiatry* 63(6):649-658.

Goleman, D. 2006. *Social Intelligence: The New Science of Human Relationships.* New York: Bantam.

Gottman, J., and N. Silver. 2004. *The Seven Principles for Making Marriage Work.* New York: Orion.

Hotchkiss, S. 2003. *Why Is It Always About You? The Seven Deadly Sins of Narcissism.* New York: Free Press.

Iacoboni, M. 2009. *Mirroring People: The New Science of How We Connect with Others.* New York: Farrar, Straus, and Giroux.

O'Donohue, J. 2000. *Eternal Echoes: Celtic Reflections on Our Yearning to Belong.* New York: Harper Perennial.

Scruton, R. 2010. "The Abuse of Sex." In *The Social Costs of Pornography: A Collection of Papers.* Princeton, NJ: Witherspoon Institute.

Siegel, D. J. 2001. *The Developing Mind: How Relationships and the Brain Interact to Shape Who We Are.* New York: Guilford Press.

Siegel, D. J. 2007. *The Mindful Brain: Reflection and Attunement in the Cultivation of Well-Being.* New York: W. W. Norton.

Siegel, D. J., and M. Hartzell. 2004. *Parenting from the Inside Out.* New York: Jeremy P. Tarcher.

Solomon, M. 1992. *Narcissism and Intimacy: Love and Marriage in an Age of Confusion.* New York: W. W. Norton.

Walsh, S. 2010. "20 Identifiable Traits of a Female Narcissist." June 28 blog post at *Hooking Up Smart.* www.hookingupsmart. com/2010/06/28/ relationshipstrategies/20-identifiable-traits-of-a-female-narcissist. Accessed November 30, 2012.

Wordsworth, W. 1892. *The Complete Poetical Works of William Wordsworth.* New York: Thomas Y. Crowell.

Young, J. E., and J. S. Klosko. 1994. *Reinventing Your Life: The Breakthrough Program to End Negative Behavior...and Feel Great Again.* New York: Plume.

Young, J. E., J. S. Klosko, and M. E. Weishaar. 2006. *Schema Therapy: A Practitioner's Guide.* New York: Guilford Press.

致谢

我要感谢下文提及的人，是他们以爱、耐心、指导和支持伴我走完全程。若没有你们，这本书必不能问世。

妈妈，是您给了我那么多力量和勇气，让我相信自己。我美丽的萨米亚（Samya），我的小甜豆，你是我生命中的光，是神奇的存在，给我和很多人带来了如此多的快乐。我的丈夫，最亲爱的大卫（David），我很幸运能得到你永恒的爱，感谢你那些鼓励和关心的话语，也感谢你在我写书的日子里容忍我总是后脑勺朝向你。亲爱的雷切尔（Rachel）和本（Ben），你们对我来说太特别了。我的姐姐丽莎（Lisa）、姐夫亚瑟（Arthur），还有可爱的侄女凯琳（Cailin）（"芒奇金小姐"），你们对我的工作表现出了那么多的善意和兴趣。我在加利福尼亚的家人们——多蒂（Dotty）、艾略特（Eliot）、泰瑞（Teri）、凯蒂（Katie）、杰西卡（Jessica）和艾萨克（Isaac）——你们的爱，我都视为珍宝，非常感谢。我的表妹马里恩（MaryLynn），又叫"库克拉夫人"，你一直是我富有创造力和同情心的伙伴。我的前夫阿布多（Abdo），谢谢你的友谊。

杰克·拉戈斯（Jack Lagos），感谢您帮我理解自己的生活。

亚伦·T.贝克（Aaron T.Beck）博士，您对这个领域贡献非凡，影响大到无法估量。在这门从通常意义上看很复杂的专业里，您的理论为我提供了一个卓越的基础。我在您这里获得一种扎根于现实的哲学理念，并立足于此，从事自己的临床实践。

我最亲爱的朋友和导师杰夫·扬（Jeff Young），您一直是我最大的灵感源泉。我从无数渠道领受到您的慷慨馈赠。您无与伦比的学识禀赋让我获益匪浅。您不仅为我树立了一个如何与来访者共事的好榜样，而且带给我诸多珍贵的回忆。亲爱的威廉·赞格威尔（William Zangwill），你总是带着共情、体贴、深刻的洞察力和睿智的比喻陪伴着我。我亲爱的朋友凯茜·弗拉纳根（Cathy Flanagan），在我最需要的时候，你那抚慰心灵的声音和温暖关爱的怀抱总会及时出现。米歇尔·弗斯特（Michael First），谢谢你对我的热情支持和无可挑剔的诊断技巧。还要感谢莫林·卡德尔（Maureen Khadder），亲爱的老朋友，本书中体现的理念最早是我们一起思考的。

我的导师，极富魅力的教育家丹·西格尔（Dan Siegel），您的优雅风度和可爱的幽默感让我如沐春风。您还有一种独特的天赋，能使那些艰涩难懂的资料在我脑中活跃起来，我因而能在专业生涯中发展出令人兴奋的新视角。

亲爱的新泽西认知治疗中心和附属机构的家人们，感谢你们容忍我的起起落落，为我不平，为我庆祝。凯瑟琳·纽德克（Kathleen Newdeck）、玛丽·伯克（Mary Burke）、帕特里斯·菲奥雷（Patrice

Fiore）、芭芭拉·利维（Barbara Levy）、罗宾·斯皮罗（Robin Spiro）、凯西·科伯格（Kathy Kobberger）、罗斯玛丽·埃里克森（Rosemary Erickson）、丽萨·帕森特（Lissa Parsonnet）、哈里特·阿琴图奇（Harriet Achtentuch）、玛格丽特·米埃（Margaret Miele）、艾娃·施莱辛格（Ava Schlesinger）、保罗·肖特兰（Paul Schottland）、艾尔夫·芬克尔斯坦（Iva Finklestein）和鲍勃·贾斯基维茨（Bob Jaskiewicz），被你们这帮聪明而暖心的人包围，真是我莫大的幸运。纽约家庭认知治疗中心的家人们，感谢你们在诸多方面成为我生命中不可或缺的一部分。威尔·斯威夫特（Will Swift）、马蒂·斯隆（Marty Sloane）、维维安·弗朗西斯科（Vivian Francesco）、杰夫·康威（Jeff Conway）、特拉维斯·阿特金森（Travis Atkinson）、梅里·珀尔（Merrie Pearl）、帕特·麦克唐纳（Pat McDonald）、弗雷德·埃伯施塔特（Fred Eberstadt）、莉莉安（Lillian）和鲍勃·斯坦穆勒（Bob Steinmuller）、迈克·米内尔维尼（Mike Minervini）、南希·里贝罗（Nancy Ribeiro）、西尔维亚·塔姆（Sylvia Tamm），还有所有以各种方式影响我生活的人，你们是超棒的人。

里奇·西蒙（Rich Simon），你最早邀请我为"心理治疗沟通者"（Psychotherapy Networker）写一篇自恋主题的文章，你能相信那个机缘引来了这本书吗？你真是一位难得的好编辑，持续鼓舞着我写作的信心。

泰西莉亚·哈努尔（Tesilya Hanauer），你为我所做的不仅是请我写一本书，更是一直以来用热情、支持和才华陪伴着我，从不会让我作品的完整性打折扣。若没有你的发起和周到安排，就不会有这本书。杰西·比比（Jess Beebe）和妮可拉·斯基德莫尔（Nicola Skidmore），还有特西莉亚（Tesilya），非常感谢你们出色的编辑、建议和全面支持。杰丝敏·思达（Jasmine Star），我很幸运被指派给你这样一位有热情、有才华、精力充沛的文字编辑。通常这是一项令人望而生畏的工作，但你却让我一直干劲十足，你实在了不起。向新先驱出版社（New Harbinger Publications）所有工作人员及为本书的成功努力付出的人，致以最深切的感谢。

剩下没有被提及的我的亲友们，拥有你们的爱，使我蒙福不浅。最后，要感谢我的来访者。你们中的许多人一直是我个人成长和职业发展的主要灵感来源。非常感谢你们对我的信任，也极为荣幸能知道你们的故事，见证你们的勇气。我敬重你们。你们选择走上这条有痛苦也有欢愉的重塑自我之路，在此过程中表现出的开放和投入，永远都在提醒我为什么要选择在这个领域耕耘。

我以无尽的感激之情，为国际图式治疗协会完成这一版的修订和新材料的补充。正是你们的启发和长期支持，让我的想法源源不断，创意之烛熠熠生辉。我也要向那些花时间给我写信的读者表达极大的谢意，你们带给我认可、反馈，也提出了尖锐的问题，甚至是极具挑战性的观点。信中那些深思熟虑的见解和触及心灵的故事，都对第二版《关系陷阱：如何与自恋的人相处》的问世贡献良多。感谢你们启发我增加新的材料，对实用策略更加精心推敲。希望你们觉得这个版本有启发、有帮助，我期待着你们的进一步反馈。